Heinrich Heine

Deutschland. Ein Wintermärchen

… verstehen

Erarbeitet von
Gerhard Friedl

Herausgegeben von
Johannes Diekhans
Michael Völkl

Bildnachweis

S. 18, 55, 64, 86, 98, 102, 151: picture alliance/akg-images; S. 22: Bundesarchiv-Erinnerungsstätte für die Freiheitsbewegungen in der deutschen Geschichte im Residenzschloss Rastatt, Foto: G. Friedl; S. 23: © cmfotoworks - iStockphoto.com; S. 28, 46, 75: Zeichnung von Hans Traxler in Heinrich Heine, Deutschland ein Wintermärchen, Reclam Verlag 2011; S. 34: picture-alliance/dpa/dpaweb; S. 42: © legeartispics - fotolia.com; S. 50: © jopelka - iStockphoto.com; S. 71, 81, 107, 111, 144: picture-alliance/akg-images; S. 93: picture alliance/CPA Media; S. 99: akg-images; S. 108l.: © ullstein bild – The Granger Collection; S. 108r.: ullstein bild-Roger-Violett/Jacques Boyer; S. 110: © picture-alliance/akg-images; S. 126: Bodoklecksel on de.wikipedia; https://commons.wikimedia.org/wiki/File:HeineMonument.jpg; weitere: Verlagsarchiv Schöningh

westermann *GRUPPE*

www.schoeningh-schulbuch.de
Schöningh Verlag, Jühenplatz 1 – 3, 33098 Paderborn

Druck A[1] / Jahr 2017
Alle Drucke der Serie A sind im Unterricht parallel verwendbar.

Umschlaggestaltung: Nora Krull, Bielefeld; © hrstklnkr – iStockphoto.com (v./h.)
Druck und Bindung: westermann druck GmbH, Braunschweig

ISBN 978-3-14-**022656**-1

Inhaltsverzeichnis

An die Leserin und den Leser

Liebe Leserin, lieber Leser,

mit Heinrich Heines „Wintermärchen" lassen Sie sich auf „ein höchst humoristisches Reise-Epos[1]" ein, „meine Fahrt nach Deutschland, ein[en] Zyklus von 20[2] Gedichten, gereimt". So kündigt der Verfasser seinem Verleger Julius Campe am 20. Februar 1844 eine bis dahin unbekannte Gattung an: „ein ganz neues Genre, versifizierte Reisebilder".[3] Sie beschreiben, was der Erzähler, der seit 13 Jahren (vgl. Caput[4] V/V. 15; XX/V. 9 f., XXIII/V. 78 f.) in Paris wohnt und in dem oft Heine selbst zu erkennen ist, in Deutschland auf der Fahrt nach Hamburg, an Zwischenstationen und am Zielort erlebt, fühlt und denkt. Daraus entsteht das Panorama eines Landes, das in der Mitte des 19. Jahrhunderts als Staat nicht mehr bzw. noch nicht existierte. Unter zahlreichen Fürstentümern und Königreichen beanspruchte Preußen eine Vormachtstellung. Wie in anderen Ländern hatte sich jedoch auch in Deutschland ein Nationalbewusstsein entwickelt, das in die Forderung nach einem einheitlichen Staat mündete und die Selbstständigkeit der meist noch weitgehend absoluten Monarchien bedrohte. Vom Nationalismus war der Liberalismus kaum zu trennen, der neben Verfassungen und Parlamenten persönliche und wirtschaftliche Freiheiten verlangte. In Frankreich hatten diese geistigen und politischen Strömungen, anders als in Deutschland und weiten Teilen Europas, seit

---

1 umfangreiche Erzählung in hohem Stil und in Versen

2 in der Endfassung: 27

3 www.hhp.uni-trier.de/Projekte/HHP/Projekte/HHP/briefe/01briefe von/chron/B1844/index_html?widthgiven=30&letterid=W22B0992 &lineref=0&mode=1 [19.01.2017]
Rechtschreibung und Zeichensetzung in den Quellentexten wurden dem heutigen Stand angepasst.

4 Kapitel

der Französischen Revolution von 1789 das Volk erfasst und den Staat verändert. In Paris stand Heine zudem in Kontakt mit sozialistischen Kreisen, die für eine gerechte Verteilung der Güter eintraten.
Vor dem Hintergrund dieser Erfahrungen nimmt der Dichter die Verhältnisse in seinem Heimatland, wo fortschrittliches Denken bekämpft wurde, als rückständig und bedrückend wahr. Seine Schilderungen beschränken sich aber nicht auf die Gegenwartszeit des Erzählers, sondern er bezieht wichtige Stationen der deutschen Geschichte ein und blickt sogar in Deutschlands Zukunft. So entsetzlich sich ihm diese Aussicht auch darbietet – sie wurde von der Realität am Ende des 19. und vor allem im 20. Jahrhundert mit zwei Weltkriegen weit übertroffen. Jenseits von Heines düsterem, aus eigenen Erfahrungen entstandenem Bild von Deutschland zeichnet sich aber ein Gegenentwurf ab. Deshalb lädt das „Wintermärchen" dazu ein, das Selbstverständnis Ihres Landes im 19., 20. und 21. Jahrhundert zu erkunden, zu vergleichen und sich damit auseinanderzusetzen. Nationalismus, Liberalismus und Sozialismus spielen dabei eine erhebliche Rolle. Sie bilden sich zu Lebzeiten Heines heraus und führen bis zum heutigen Tag zu politischen Kontroversen.
Trotz der abstoßenden politischen Zustände zieht es den Erzähler wie Heine nach Deutschland. Auf die Frage, warum er in dem unwirtlichen Monat November in den Norden reise, antwortet er:

> „Es ging mir äußerlich ziemlich gut,
> Doch innerlich war ich beklommen,
> Und die Beklemmnis täglich wuchs –
> Ich hatte das Heimweh bekommen.
>
> Die sonst so leichte französische Luft,
> Sie fing mich an zu drücken;
> Ich musste Atem schöpfen hier

In Deutschland, um nicht zu ersticken."
(XXIV/V. 29–32, 37– 44)[1]

Der Dichter sehnt sich nach seinen Verwandten, nach Orten, an die sich Erinnerungen knüpfen, und nach Sinneseindrücken, die typisch für seine Heimat sind. Er genießt die deutschen Mahlzeiten, ist im Innersten gerührt, als er die deutsche Sprache wieder vernimmt, und denkt an alte Erzählungen und Lieder zurück, die er als Kind mit bebendem Herzen hörte. Es ist also nicht Deutschland als abstraktes, damals viel beschworenes staatliches Gebilde, das Heine und den Erzähler fasziniert, sondern eine innere Verankerung in der Heimat durch persönliche Beziehungen, Speisen und Getränke, Sprache und Literatur sowie sinnliche Erfahrungen. Diese Verwurzelung verhindert das Eintreten für eine starre Weltanschauung, der die lebendige Vielfalt ebenso zum Opfer fallen würde wie die geistige Beweglichkeit.
Wenn Heine seine Reisebilder als „versifiziert[ ]"[2] und „höchst humoristisch[ ]" bezeichnet, hebt er damit nicht den Inhalt, sondern die Gestaltungsweise als besondere Qualität hervor, die das „Wintermärchen" auszeichnet. Witzig und ironisch macht er sich über Preußen, den Untertanengeist, deutsche Luftschlösser, rückwärtsgewandtes Denken und den Aberglauben lustig. Mit amüsanten Versen, Reimen und rhetorischen Figuren greift er Missstände indirekt an. Geistreich wendet er sich mit französischer Leichtigkeit und Freiheitsliebe gegen das Grobe und Schwere in Deutschland (vgl. den Anfang des Vorworts zum Einzeldruck 1844). Heines „Wintermärchen" gilt als „die bedeutendste Satire im 19. Jahrhundert"[3] und darü-

[1] Caput XXIV, Verse 29–32 und 37–44.
[2] in Versen geschrieben
[3] Wolfgang Beutin u. a.: Deutsche Literaturgeschichte. Von den Anfängen bis zur Gegenwart. 7., erw. Aufl. Stuttgart: Metzler 2008, S. 258.

ber hinaus als „das bedeutendste politische Gedicht der deutschen Literatur".[1]

Im ersten und letzten Kapitel, in denen der Erzähler und damit Heine seine literarischen Waffen präsentiert, verzichtet er allerdings auf die Satire zugunsten direkter, leidenschaftlicher Ankündigungen und Warnungen. Das „alte Entsagungslied" religiöser Jenseitshoffnungen bekämpft er mit einem neuen, besseren Lied, das für Genuss und Freiheit Partei ergreift (vgl. I/V. 25–68). Und dem preußischen König rät er, Dichter nicht zu verfolgen, weil sie ihn in ihren Werken auf Dauer verdammen könnten (vgl. XXVII/ V. 41–88).

Durch den politischen und gesellschaftlichen Gehalt seiner Gedichte und Prosaschriften wurde Heine zum namhaftesten Vertreter des Jungen Deutschland.[2] Dieser Begriff bezeichnet fünf jüngere Schriftsteller, denen die Bundesversammlung 1835 weitere Veröffentlichungen verbot. Selbstbewusst sieht sich Heine als erster moderner lyrischer Dichter in Deutschland. Gleichzeitig fühlt er sich noch der Romantik verbunden. Er steht also an der wichtigsten Schnittstelle der deutschen Literatur im 19. Jahrhundert und sogar der Literaturgeschichte in Deutschland insgesamt. Denn mit der Romantik endet deren fruchtbarste Ära, die Goethezeit.

Das „Wintermärchen" kann als frühe Warnung vor verhängnisvollen Sonder- und Irrwegen in der jüngeren deutschen Geschichte aufgefasst werden. Heines jüdische Herkunft und seine Erfahrungen in Frankreich bewahrten ihn davor, ausschließlich deutschlandzentriert zu denken. In Zeiten der sog. Erbfeindschaft zwischen beiden Ländern lag ihm daran, dass diese sich besser kennen- und verste-

---

[1] Jeffrey L. Sammons: Heinrich Heine. Stuttgart: Metzler (Sammlung Metzler) 1991, S. 107.

[2] Siehe die Begriffserläuterung auf S. 134f.

hen lernen. Er war europäisch gesinnt und damit weiter als mancher Politiker in der Gegenwart. Die Aktualität des Reiseepos besteht zum einen darin, dass es sich dem Nationalismus entgegenstellt, von dem der ehemalige französische Staatspräsident Mitterrand 1995 in seiner letzten Rede vor dem Europäischen Parlament sagte, dass er zu Krieg führe.[1] Zum anderen sind in der Verserzählung politische Freiheit und soziale Gleichheit als Leitlinien, die auch in der Gegenwart oft missachtet werden, ständig präsent.

Ich wünsche Ihnen,
dass Heines Humor Sie ansteckt und dass Sie mitlachen können,
dass Sie bei der Lektüre des „Wintermärchens" gegenwärtige Missstände entdecken,
dass Sie aber auch feststellen, dass sich viele von Heines Forderungen und Hoffnungen schon erfüllt haben.

Gerhard Friedl

---

[1] Vgl. www.zeit.de/1995/04/Letzte_Mahnung [19.01.2017]

Der Inhalt im Überblick

Der Erzähler des „Wintermärchens" schildert rückblickend in 27 Gedichten seine Reise von der deutsch-französischen Grenze bei Aachen nach Hamburg, die „[i]m traurigen Monat November" (I/V. 1)[1] stattfindet. Der Verserzählung liegen eigene Erlebnisse des Verfassers zugrunde, der sich in dem Epos aber poetische Freiheiten erlaubt: Heine reiste im Oktober 1843 in die Hansestadt und kehrte im Dezember nach Paris zurück. Auf der Fahrt oder an einzelnen Stationen leben in dem Erzähler ganz unterschiedliche Empfindungen, Erinnerungen und Gedanken auf, die sich um die politischen und sozialen Verhältnisse sowie um Beziehungen zu Personen und Orten konzentrieren. Was ihn beschäftigt, verfolgt ihn auch in seinen Träumen oder erweitert sich zu irrealen Szenarien.

Tief bewegt und neu gestärkt betritt der Reisende, ein Dichter, der eine strenge Zollkontrolle über sich ergehen lassen muss, nach langer Zeit wieder deutschen Boden. In Aachen demonstrieren Soldaten die Vorherrschaft Preußens, dem die Rheinprovinz auf dem Wiener Kongress[2] zugesprochen wurde. Auch das Adlerwappen auf dem Schild der Poststation befremdet den Erzähler und er macht seinem Unmut Luft. Einen ersten inhaltlichen Schwerpunkt der Gedichtfolge bildet Köln (Caput IV–VII). Dort erfasst den Besucher Widerwille gegen religiöse Verfolgung und Glaubenssymbole der katholischen Stadt. Den verdrossenen Vater Rhein muntert er jedoch auf. Außerdem träumt er von einem geheimnisvollen Begleiter, der sich als „Tat von deinem Gedanken" (VI/V. 72) vorstellt.

---

[1] Sämtliche Verweise auf Verse und Materialien im Anhang beziehen sich auf die im Literaturverzeichnis aufgeführte Textausgabe des Schöningh Verlags.

[2] Siehe die historischen Hintergründe auf S. 96f.

In der Postkutsche fährt er durch Mülheim, wo er an den Besuch im Jahr 1831 und die großen Hoffnungen auf Befreiung von Preußen zurückdenkt, die sich aber zerschlagen haben. In diesem Zusammenhang kommt dem Erzähler die feierliche Überführung von Napoleons sterblichen Überresten nach Paris in den Sinn. In Hagen genießt er ein üppiges Mittagsmahl und spätabends erreicht er ein Wirtshaus im westfälischen Unna. Die Gebietsbezeichnung ruft in ihm Erinnerungen an die Studentenverbindung der Westfalen in Göttingen wach.

Auf der nächsten Etappe durch den Teutoburger Wald führt der Reisende mit ironischer Angriffslust ein Gedankenexperiment durch. Er stellt sich die Kultur seines Heimatlandes und seine Berliner Widersacher vor, wenn 9 n. Chr. nicht der germanische Anführer Hermann, sondern Varus mit seinen Legionen die berühmte Schlacht gewonnen hätte und die Römer noch immer in Deutschland herrschten.

Als sich nachts im Wald ein Kutschenrad löst, inspiriert ihn das Wolfsgeheul, das revolutionäre Kampfbereitschaft symbolisiert, zu einer Dank-, Bekenntnis- und Rechtfertigungsrede. Am Morgen wendet sich der Vorüberfahrende in der Nähe von Paderborn an einem Wegkreuz an Jesus, der sich wie er selbst auf Auseinandersetzungen mit den herrschenden Kreisen eingelassen habe. Aufgrund eigener Erfahrungen gibt er dem Gekreuzigten nicht ernst gemeinte Ratschläge, wie dessen Leben zu retten gewesen wäre.

Im rumpelnden Postwagen denkt der Reisende an Lieder und Erzählungen zurück, die er als Kind von seiner Amme gehört hat. Daraus entwickelt sich der zweite Schwerpunkt des Reiseepos: die Sage von Kaiser Barbarossa, der mit seinen Soldaten im Kyffhäuserberg darauf wartet, diejenigen zu bestrafen, die Deutschland zugrunde gerichtet haben (XIV–XVII). Als der Erzähler dem Kaiser im Traum begegnet, muss er aber feststellen, dass dieser dem überlieferten Bild überhaupt nicht entspricht.

Die preußische Festung Minden löst bei dem ankommenden Dichter Beklemmungen aus. Er erlebt einen Albtraum, in dem er in Gefangenschaft gequält wird. Am nächsten Morgen setzt er seine Fahrt so schnell wie möglich fort und erreicht Bückeburg, wo seine Vorfahren herstammen. In Hannover besichtigt er die saubere Stadt. Vor dem Palast informiert ihn der Fremdenführer über den schrulligen, der Regierungsgeschäfte überdrüssigen Monarchen.

Schließlich trifft der Erzähler in Hamburg ein, dem Ziel seiner Reise. Es bildet den dritten Schwerpunkt, dem er sich mit acht Einzelgedichten am ausführlichsten widmet (XX–XXVII). Der Dichter besucht seine Mutter, die den Sohn bewirtet, beschreibt die Folgen des großen Brands von 1842 für die Stadt und ihre Einwohner und geht auf Personen ein, die er von früher kennt. Nach einem Abendessen mit seinem Verleger Campe begegnet er Hammonia, Hamburgs Schutzgöttin, die ihn verehrt und liebt. Er begleitet sie in ihre Stube, wo er ihr erklärt, dass er aus Heimweh in die Hansestadt gereist sei. Die Göttin appelliert an ihren Gast, in Deutschland zu bleiben, und gewährt ihm einen Blick in die Zukunft seines Landes. Da der Erzähler geschworen hat, über das, was er sieht, zu schweigen, spricht er von den entsetzlichen Gerüchen, die ihm das Bewusstsein rauben. Er erlebt einen Liebesrausch und eine Hochzeitsvision Hammonias, denen der Zensor[1] mit seiner Schere ein Ende setzt. Im letzten Caput drückt der Dichter seine Überzeugung aus, dass eine neue Generation ihn besser verstehe als die jetzige. Er rät dem preußischen König, nicht nur die toten Autoren zu achten, sondern auch die lebenden (vgl. XXVII/V. 55 f.), und warnt ihn vor diesen, weil sie ihn in ihren Werken zu ewigen Höllenqualen verurteilen könnten.

---

[1] Er beurteilt zum Druck bestimmte Textvorlagen, ob sie veröffentlicht werden dürfen, und kürzt anstößige Stellen.

Die Personenkonstellation

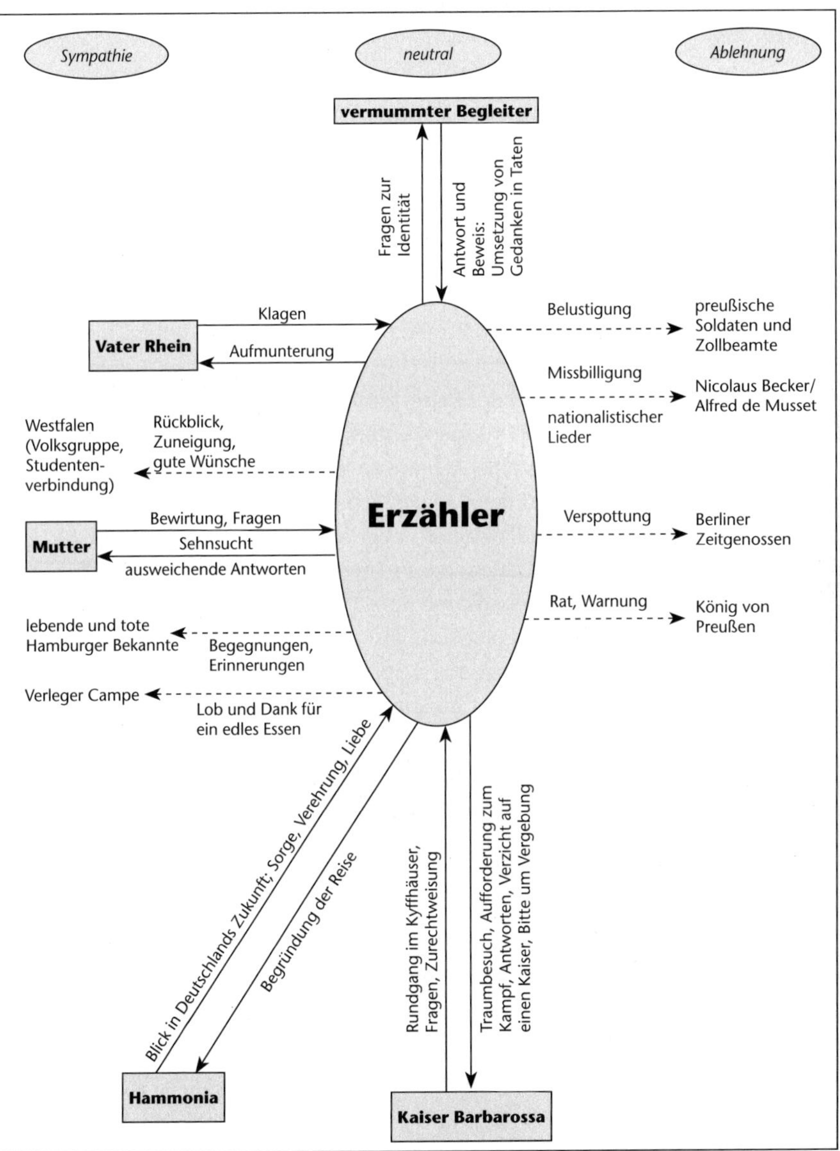

Inhalt, Aufbau und erste Deutungsansätze

Vorbemerkungen

Gattung

Heines Reiseepos ist weder ein sachlicher Bericht noch eine spannende Geschichte, sondern eine Folge von Bildern, die der Titel mit der Gattung des Märchens in Verbindung bringt. Tatsächlich enthalten die „Reisebilder" fantasievolle Passagen und Träume jenseits der Wirklichkeit, die gleichwohl in ihr verankert sind und auf sie zurückweisen. Der Inhalt des „Wintermärchens" besteht aus unterschiedlichen Elementen: zum einen aus Erlebnissen und Stimmungen während der Reise, zum anderen aus historisch-politischen Schilderungen und Kommentaren. Des Weiteren trägt der Erzähler Gedanken und Einschätzungen vor oder erteilt Ratschläge. Schließlich formuliert er Grundüberzeugungen und Visionen, aber auch Gegenpositionen dazu. Manche Situationen und Themen wiederholen sich in Variationen, einprägsame Sprachbilder und markante Grundkonstellationen verknüpfen sich zu einem feinsinnigen Geflecht. So ist ein einerseits höchst abwechslungs- und beziehungsreiches, andererseits angriffslustiges poetisches Kunstwerk entstanden.

Unterschiedliche Textelemente

Text- und Strophenform

Bei der Versgestaltung der Reisebilder, Heines Innovation im „Wintermärchen", greift der Dichter auf eine volkstümliche Strophenform zurück, die sich an das bekannteste mittelalterliche Werk in deutscher Sprache anlehnt: die Nibelungenstrophe. Die moderne Version besteht aus vier Versen mit vier und drei betonten Silben im Wechsel. Die erste und dritte Zeile enden männlich – betont –, die zweite und vierte weiblich – mit einer betonten und unbetonten Silbe. Letztere reimen sich am Ende. Metrische Eintönigkeit vermeidet Heine, indem er sich Freiheiten bei der Zahl der unbetonten Silben zwischen den betonten erlaubt.

Ein kleines Harfenmädchen sang.	xx́xx́xx́xx́
Sie sang mit wahrem Gefühle	xx́xx́xxx́x
Und falscher Stimme, doch ward ich sehr	xx́xx́xxx́xx́
Gerühret von ihrem Spiele.	xx́xxx́xx́x

(I/V. 13–16)

Mit Enjambements überspringt er manchmal Zeilen- und Strophengrenzen und erzielt dadurch wie mit ungewöhnlichen, witzigen Reimwörtern eine komische, entlarvende Wirkung. Unversehens verwandelt sich die alte Form in ein Instrument des politischen Dichters, um Missstände aufzudecken, zu verspotten oder anzuklagen.

Mittelalter

Das Mittelalter ist nicht nur in der Strophenform präsent, sondern auch in wesentlichen Teilen des Inhalts, und zwar gleich mehrfach in unterschiedlicher Weise: durch den gotischen Dom und die religiöse Intoleranz in Köln (vgl. IV/V. 25); durch die im Volk verwurzelten literarischen Formen des Lieds, des Märchens und der Sage, die den Erzähler im Kindesalter aufwühlten (vgl. XIV/V. 29f., 49f.) und die Heine sehr schätzte; durch die Traumbegegnung mit Kaiser Barbarossa (vgl. XVf.) und schließlich durch das Gehabe der Preußen (vgl. III/V. 41–60; XVII/V. 37–48), das er verachtet.

Caput I, II: Deutsch-französische Grenze

Jahreszeit und Ziel der Reise

Caput I: Das Reiseepos beginnt mit der Ankunft des Ich-Erzählers an der deutschen Grenze. Er informiert, zu welcher Zeit und in welches Land er reist, setzt aber voraus, dass die Leserinnen und Leser wissen, woher er kommt, er ihnen also bekannt ist. Den November mit kürzeren Tagen, heftigem Wind und fallendem Laub empfindet er als „traurig[ ]" (V. 1). Doch als er nach langer Abwesenheit wieder heimatlichen Boden betritt und im Lied eines „kleine[n] Harfenmädchen[s]" (V. 13) die deutsche Sprache hört, ergreifen ihn Emotionen. Sie steigern sich vom Klopfen des

An der Grenze: Rührung durch ein Lied in deutscher Sprache

Herzens bis zu dessen Verbluten (vgl. V. 5–7, 11 f.) und stehen im Gegensatz zur äußeren Unwirtlichkeit.

Lied des Harfenmädchens: Aufruf zur Entsagung

Der Zuhörer nimmt im Gesang des Kindes einen Widerspruch zwischen „wahrem Gefühle/Und falscher Stimme" wahr (V. 14 f.). Diese Einschätzung begründet er in drei durch Anaphern angeschlossenen und eingeleiteten Strophen (vgl. V. 14, 17, 21, 25), in denen er den Inhalt des Lieds zusammenfasst und verwirft. Es rufe die Menschen auf, irdischen Freuden zu entsagen, und vertröste sie mit der Jenseitshoffnung ewigen Glücks nach dem Tod. Unter Anspielung auf ein bekanntes Wiegenlied, dessen Anfangswort „Eiapopeia" er auf den Himmel bezieht (V. 26), entlarvt er den Zweck solcher Gesänge: Sie sollen das Volk einschläfern, wenn es aufbegehrt. Den Verfassern, die in Staat und Kirche das Sagen haben, wirft er in den berühmtesten, immer aktuellen Versen des „Wintermärchens" Heuchelei vor: „Ich weiß, sie tranken heimlich Wein/Und predigten öffentlich Wasser." (V. 31 f.) Während sie sich privat Luxus gönnten, forderten sie in der Öffentlichkeit Verzicht. Reden und Handeln klaffen also weit auseinander.

Heuchelei der Verfasser solcher Lieder

Gegengesang des Erzählers

Nach dieser Attacke geht der Erzähler zum Gegenangriff über, mit dem er sich als Dichter zu erkennen gibt: Er kündigt ein neues, inhaltlich und ästhetisch besseres Lied für seine Freunde an (vgl. V. 33 f.). Im Plural der ersten Person tritt er dafür ein, „[d]as Himmelreich" „hier auf Erden schon" zu errichten (V. 35 f.). Alle Menschen sollen nicht nur satt werden, sondern auch Leckerbissen bekommen, glücklich sein und sich am Schönen erfreuen. Den Ertrag der Arbeit dürften nicht diejenigen verprassen, die nichts dafür täten. Immer noch im verallgemeinernden „Wir" wendet er sich vom Himmel – und damit vom christlichen Glauben an die Auferstehung – ab. Allenfalls wolle er mit den Freunden dort nach dem Tod „Engel[ ] und Spatzen" besuchen, um mit ihnen „[d]ie seligsten Torten und Kuchen" zu essen (V. 47 f., 51 f.). Worauf er auf Erden Lust

Abwendung vom christlichen Jenseits

hat, sucht er auch im Himmel. Diesen belächelt er distanziert, indem er dessen religiöse und physikalische Bedeutung durch das Nebeneinander von Gott nahen Wesen und lästigen Vögeln humoristisch vermischt.

Ausbreitung der Freiheit in Europa

Das neue Lied läutet bessere Zeiten ein, die der Dichter durch Personifizierungen von Europa und Freiheit, die heiraten, veranschaulicht (vgl. V. 57–66). Den kirchlichen Segen brauche dieses Paar nicht, das er samt seiner Nachkommen hochleben lässt (vgl. V. 63f.) und dessen Hochzeit er sein Lied widmet. Das begeistert ihn so sehr, dass sich seine Seele zum Sternenhimmel erweitert und er wie der Riese Antäus in der griechischen Sage übernatürliche Kräfte in sich spürt, seit er deutschen Boden betreten hat.

Begeisterung und übernatürliche Kräfte

Gegensätzliche Lebenseinstellungen in zwei Liedern

Entsagungslied des kleinen Harfenmädchens	**Hochzeitslied für die Vermählung von Europa mit der Freiheit**
• Verzicht auf irdische Freuden • Vertröstung auf ewiges Glück nach dem Tod	• Schaffung eines Himmelreichs auf Erden: genügend Nahrung und Freude am Schönen für alle Menschen
↓	↓
Einschläferung des aufmüpfigen Volks	Hochrufe auf das Brautpaar, Anbruch besserer Zeiten

Novemberstimmung und politische Zustände in Deutschland

Die triste Novemberstimmung in der Eingangsstrophe erscheint wie eine jahreszeitliche Parallele und damit als Prolog zu den trostlosen politischen Zuständen in Deutschland, die der Reisende in seiner Gedichtfolge beschreibt. Das Harfenmädchen besingt eine Lebenseinstellung, die solche Verhältnisse ermöglicht. Dennoch kann sich der Erzähler dem Sog dieser romantischen Figur, ihrer Sprache und ihres Gesangs nicht entziehen. Er setzt ihrem Lied jedoch sein eigenes entgegen, das eine gleichmäßige Verteilung der Güter und die Aufhebung der ungerechten Stan-

Zwiespältige Einstellung des Erzählers zur Romantik

desunterschiede zum Ziel hat (vgl. V. 39f.). Er greift damit auf frühsozialistische Ideen Saint-Simons[1] zurück, die Heine in Paris kennenlernte. Diese Einstellung, seine zwiespältige Beziehung zur Romantik[2] und die Überzeugung, dass sich die Freiheit auch in dem von Preußen unterdrückten Deutschland durchsetzen wird, entfalten sich in dem Reiseepos, sodass Caput I die Funktion eines Grundsatz- und Eröffnungsgedichts zukommt.

Kontrast zwischen Enthusiasmus und unangenehmer Zollkontrolle

Caput II: Der Enthusiasmus und die Seelenkräfte des Dichters am Ende des ersten Kapitels stehen in scharfem Kontrast zu den unangenehmen Gefühlen bei der pedantischen Untersuchung des Gepäcks am preußischen Zoll. Die Aufzählung persönlicher Gegenstände im Koffer und möglicher Schmuggelware sowie das abwertende, weil von Tieren auf Menschen übertragene Verb „beschnüffeln" (vgl. V. 5–8) unterstreichen das Unbehagen des Reisenden, der sich mit einer inneren Spottrede gegen die Kontrolle wehrt. Er verhöhnt die Zollbeamten in zwei Ausrufesätzen als Narren, weil sie vergeblich suchen (vgl.

Der Erzähler des „Wintermärchens" am Zoll (Holzstich)

Innere Spottrede gegen die Zollbeamten

[1] Der französische Sozialwissenschaftler und -reformer Graf von Saint-Simon (1760–1825) und seine Schüler lehnten die Vorrechte durch Geburt, die Vererbung von Eigentum und den Müßiggang in der modernen industriellen Gesellschaft ab. Jeder sollte seine Fähigkeiten dazu einsetzen, die moralischen und materiellen Verhältnisse der Ärmsten zu verbessern (siehe S. 161f. in der Textausgabe).

[2] Siehe die Begriffserläuterung auf S. 133f.

Schmuggelware: geistige Produkte

V. 9f.). Denn er schmuggle nicht materielle, sondern geistige Produkte. Was in seinem Koffer nicht zu finden ist (vgl. V. 7f.), breitet er in Gedanken mit Vergnügen und Hintersinn aus. So spielt er mit der doppelten Bedeutung des Wortes „Spitzen". Er erklärt, dass es sich bei denen, die er mit sich führe, nicht um feines belgisches Gewebe handle, sondern um ironische Bemerkungen, über die sich nicht nur die Zollwärter ärgern (vgl. V. 13–16). Und in seinem Kopf befänden sich die Krondiamanten des künftigen Herrschers und der Tempelschatz „des neuen Gotts,/Des großen Unbekannten" (V. 17–20). Damit umschreibt er die Freiheit, die er im vorausgehenden Kapitel als Bräutigam vorstellt (vgl. I/V. 57–59) und die in Deutschland kaum jemand kennt. Außerdem habe er zahlreiche verbotene Bücher als Ideen dabei. Deren Lebensdrang vergleicht er mit einem „zwitschernde[n] Vogelnest" und deren Bedrohungspotenzial mit „Satans Bibliothek" sowie Gedichten Hoffmann von Fallerslebens (1798–1874), des Verfassers des „Deutschlandlieds" (V. 21–28).

Geistige Schmuggelware des Erzählers in seiner gedanklichen Spottrede am Zoll

Erfolglose Suche der Zollbeamten nach		Unentdeckte Ideen im Kopf des Dichters	
• Spitzen als feinem Gewebe	→	ironische, spöttische Bemerkungen	
• Krondiamanten	→	der Zukunft	} der Freiheit
• Tempelschatz	→	des unbekannten Gottes	} der Freiheit
• verbotenen Büchern	→	lebendige und bedrohliche Ideen	
		lustvolle und hintersinnige Übertragung	

Äußere und innere Einheit durch Zollverein und Zensur

Ein anderer Reisender unterrichtet den Erzähler, dass er es mit dem preußischen Zollverein[1] zu tun habe, dessen Mitgliedsstaaten untereinander keine Zölle mehr verlangten.

[1] Siehe die historischen Hintergründe auf S. 100.

Der Verein, so der redselige Mann, sei der Vorläufer eines geeinten Deutschland, dessen inneren Zusammenhalt die Zensur erzeuge. Sie stelle die „Einheit im Denken und Sinnen" her (V. 41 f.), was der Redner durch Wiederholung und Variation leidenschaftlich bekräftigt. Der Dichter, der sich zuvor gerühmt hatte, die Zensur listig zu umgehen, und den solche Phrasen deshalb empören müssten, schweigt jedoch, weil sie sich selbst entlarven.

Sarkastische Übertreibung und Verzerrung

Die Rede übertreibt und verzerrt die damaligen nationalistischen Einigungsbemühungen in Deutschland sarkastisch, weil Zollverein und Zensur ungeeignete Mittel sind und zudem von Preußen, Heines Hauptgegner, dominiert werden. Der Erzähler sieht sich schon an der Grenze mit den besonderen Gegebenheiten und Denkweisen in seinem Vaterland konfrontiert, auf die er im Verlauf des „Wintermärchens" immer wieder zurückkommt. Vor allem auf die Zensur geht er mehrfach ein, die seine Arbeit nicht nur an dieser Versdichtung erschwerte (vgl. XXV/V. 29–32)[1]. Trotzdem webt er ihr lustvoll viele kritische „Spitzen" ein, über deren künftige Wirkung er sich schon an der Grenze freut (vgl. V. 15f.). An der Zollstation reagiert er auf die absurde Behauptung, die Überwachung bringe die nationale Einheit, aber nicht, denn er ist von der verändernden Kraft seines neuen Lieds, das er in Caput I ankündigt, und des Ideenschmuggels überzeugt.

Wiederkehrende Themen

Caput III: Aachen

Namen und Einstellungen

Die Stadt Karls des Großen, in der im Dom dessen goldener Sarkophag steht, hinterlässt einen schlechten Eindruck bei dem Besucher, dem bei dem lateinischen Namen Carolus Magnus der ähnlich klingende eines schwäbischen Dichters in den Sinn kommt. Daraus konstruiert er einen Gegensatz, indem er sich nicht mit dem toten großen Kai-

[1] Siehe Entstehung und Rezeption auf S. 131.

ser, sondern mit dem lebenden „kleinste[n] Poet[en]" in Stuttgart am Neckar identifiziert (V. 5–8). Über die Abneigung gegen Aachen hinaus zeigt dieses Detail erneut, dass es Heine und seinem epischen Ich nicht darum geht, was nach dem Tod geschieht, sondern um das diesseitige Leben.

Abneigung gegen die Stadt

Die Stadt, die er mit dem Wort „Nest" herabsetzt (V. 13), stößt ihn nicht nur wegen der preußischen Soldaten, sondern auch wegen der Langweiligkeit und dem Untertanengeist ab. Unter dieser Atmosphäre litten sogar die Hunde, die den Fremden um Zerstreuung durch einen Fußtritt bäten (vgl. V. 11f.). Die Soldaten, die Preußens Herrschaftsanspruch in der Rheinprovinz durchsetzen, vergleicht der Erzähler mit denen vor seiner 13-jährigen Abwesenheit und stellt fest, dass sich ihr Äußeres und ihre Arroganz nicht geändert hätten (vgl. V. 17f., 21–24). Diese Beobachtung hebt er durch die Anapher „Noch immer" hervor (V. 21f.), die er in Vers 25 noch einmal wiederholt. Die Antipathie gegenüber dem preußischen Militär offenbart sich zunächst literarisch: durch den Hinweis auf Verse des romantischen Dichters Theodor Körner (1791–1813), der als Freiwilliger gegen Napoleons (1769–1821) Truppen in den Krieg zog und die roten Mantelkrägen zynisch als Blut der Franzosen deutete (vgl. V. 19f.). In Paris lebt der Erzähler jedoch wie Heine unter ihnen, fühlt sich dort wohl und will im Gegensatz zu dem nationalistischen Dichter erreichen, dass sich beide Völker besser verstehen.

Unverändertes Aussehen und Auftreten der preußischen Soldaten

Symbolik des roten Uniformkragens

Der Widerwille gegen die Soldaten erstreckt sich in der nächsten Strophe auf die militärischen Haltungen und Bewegungen sowie den hochmütigen Gesichtsausdruck. Der kerzengerade Körper inspiriert den Betrachter zu der amüsanten Vorstellung, sie hätten den Stock oder Degen verschluckt, mit denen sie geschlagen worden seien (vgl. V. 25–30). Die ernsthafte Botschaft dieses Bildes könnte lauten, dass der demütige Untertanengeist nicht nur bei

Kerzengerade Körperhaltung

den Aachenern, sondern auch bei denen, die über sie wachen, Teil des Charakters geworden ist.

Wirkungslose Neuerungen

Wenn es Neuerungen im preußischen Militär gebe, etwa die Anrede oder die Abschaffung des Zopfes, hätten sie im Kern nichts verändert. Das verdeutlicht der Erzähler wiederum mit einem lustigen Einfall: Der ehemalige Zopf sei zum langen Schnurrbart geworden (vgl. V. 33–36). Die neue Uniform der Reiter und vor allem deren Pickelhaube gefallen ihm jedoch. Der Helm, den der König einführte (vgl. V. 55), erinnere an das Mittelalter, das in der Romantik verherrlicht wurde (vgl. V. 42, 59). In ihm habe es weder in Flugschriften ausgetragene Glaubenskämpfe wie zur Reformationszeit im 16. Jahrhundert noch eine moderne Presse gegeben (vgl. V. 51 f.), in der die Dichter des Jungen Deutschland publizierten.[1] Die Pickelhaube symbolisiert also rückwärtsgewandtes Denken in der Restaurationszeit, während der Erzähler und Heine sich für fortschrittliche Ideen einsetzen. Mit der „Spitze" des Helms kommt eine weitere Bedeutung jenes Wortes in den Blick (vgl. V. 40, 56, 58 und II/V. 7, 13–16), mit dessen Vieldeutigkeit der Dichter schon im vorausgehenden Kapitel spielt. Jetzt hänselt er die Träger der Pickelhaube damit, dass sich für sie bei Gewittern die Gefahr von Blitzeinschlägen vergrößere (vgl. V. 57–60).

Pickelhaube um 1845

Pickelhaube als Sinnbild rückwärtsgewandten Denkens

Widerwille gegen das preußische Wappen

Als der Reisende an der Poststation den Adler im preußischen Wappen sieht, überkommt ihn Hass auf den „hässliche[n] Vogel" (V. 65), der sein Gegenüber ebenfalls

[1] Siehe die Begriffserläuterung auf S. 134 f.

Der preußische Adler mit Königskrone, Zepter und Reichsapfel. Auf der Brust sind die Initialen des ersten preußischen Königs Fredericus Rex zu lesen.

mit Abscheu anblickt. Der Schriftsteller schildert, wie er den Raubvogel schwächen werde, wenn sich die Gelegenheit biete, bei einem Wettschießen töten lasse und den Schützenkönig belohne und hochleben lasse.

Rheinische Schützenfeste

Heine bezieht sich in den beiden letzten Strophen auf Feste, die er aus seiner Heimatstadt Düsseldorf kannte und auf denen Schützen ihren König durch das Schießen auf einen hölzernen Vogel ermittelten. Außerdem war das Rheinland preußenfeindlich und „zu dieser Zeit ein Zentrum der liberalen Opposition".[1] Deshalb eignete sich diese Szenerie für einen massiven Angriff auf Preußen, der bei der Zensur des Separatdrucks gestrichen wurde.[2] Der zum Abschuss freigegebene Vogel steht im Kontrast zu dem Sinnbild des Sieges, zu dem ihn Theodor Körner 1813 in dem Gedicht „Der preußische Grenzadler" stilisiert: „Sei mir gegrüßt im Rauschen deiner Flügel!/Das Herz verheißt mir Sieg in deinem Zeichen." Diese nationalistische und militaristische Einstellung, die sich im Kampf gegen Napoleon ausbreitete, bekämpft der Verfasser des „Wintermärchens" energisch.

Streichung durch die Zensur

Spottlust und Aggressivität

Gegen die preußische Machtbasis, das Militär, und das Hoheitszeichen setzt sich der Erzähler auf unterschiedliche Weise zur Wehr: mit Spottlust und Aggressivität. Von französischem Freiheitsbewusstsein und Fortschrittsglauben

[1] Düsseldorfer Heine-Ausgabe, Band 4 [= DHA 4], S. 1099 f.

[2] Siehe Entstehung und Rezeption auf S. 131.

geprägt, erfüllt ihn die deutsche Rückständigkeit und Preußens Vormacht mit großem Unbehagen. Das Festhalten am Alten wurzelt in romantischen Sehnsüchten, die der Staat sich zu eigen macht.

Caput IV–VII: Köln

Caput IV: In Köln wird der Reisende am späten Abend vom Rauschen des Rheins und deutschen Lüften empfangen, die jedoch keine Heimatgefühle wachrufen, sondern den Appetit anregen. Den überraschenden Übergang markieren ein Gedankenstrich und der Zeilensprung in die nächste Strophe (vgl. V. 4f.). Zu einem salzigen Schinkenomelett trinkt der Dichter Rheinwein, dessen grün-goldenes Farbenspiel und Duft ihn beglücken (vgl. V. 9f., 13f.). Der Wein und sein Prickeln in der Nase werden wiederholt und verbinden so die Strophen 2 bis 4 (vgl. V. 8f., 12f.), in denen sich die berauschende Wirkung des Getränks entfaltet. Diese hört jedoch beim Hinaustreten in die dunklen Gassen – anders als in Hamburg (vgl. XXIII/V. 45–56) – abrupt auf. Beim Anblick der Häuser entsinnt sich der Erzähler der mittelalterlichen Glaubenskämpfe und Ketzerverfolgungen in der Domstadt. Der Humanist Ulrich von Hutten (1488–1523) widersetzte sich damals dem Fanatismus der Mönche und des Kirchenrichters Jakob van Hoogstraeten (um 1460–1527), die jüdische und andere unliebsame Schriften verbrennen wollten (vgl. V. 21–32). Der Dichter kleidet den blinden religiösen Eifer in die Metapher eines rauschhaft-anstößigen modernen Tanzes, entrüstet sich darüber, dass die Vernichtung von Büchern und die Hinrichtung von Menschen auf Scheiterhaufen als religiöses Fest gefeiert worden sei, und erkennt, dass der Glaubenshass immer noch nicht erloschen sei (vgl. V. 35f.).

Abendessen in der Stadt am Rhein

Glaubenskämpfe und Ketzerverfolgungen

Schließlich ragt im romantischen Mondschein der Dom, an dem seit 1842 wieder gebaut wurde, vor dem Erzähler „verteufelt schwarz" (V. 39) empor. Das Farb- und das Wer-

Der Dom als Kerker des Geistes und der Vernunft

tungsadjektiv bereiten die Einschätzung des Bauwerks als „des Geistes Bastille" – mit der Erstürmung des Pariser Gefängnisses begann am 14. Juli 1789 die Französische Revolution – und als „Riesenkerker" vor, in dem „[d]ie deutsche Vernunft verschmachten" sollte (V. 41–44). Mit einem solchen Gefängnis habe die katholische Kirche eigenständiges Denken listig vereiteln und die Menschen entmündigen wollen. Dem habe Luthers (1483–1546) Reformation jedoch einen Riegel vorgeschoben. Der unterbrochene Bau werde niemals fertig und ein Monument von „Deutschlands Kraft" (V. 51) zum Protest und zur Erneuerung sein, so die in den folgenden Jahrzehnten widerlegte Überzeugung des Kirchenkritikers.

Verhöhnung von Bemühungen zur Vollendung des nationalen Symbols

Er unterstreicht seine Gewissheit dadurch, dass er Maßnahmen und Menschen verspottet, die das Ziel haben, den Dom fertig zu bauen: die Mitglieder von Dombauvereinen, die sich für die Vollendung des nationalen Symbols einsetzen und die er als „arme[ ] Schelme" (V. 53) abqualifiziert; die Spendensammlungen sogar bei denen, die früher verfolgt wurden (vgl. V. 57–60); die Wohltätigkeitskonzerte des berühmten Pianisten und Komponisten Franz Liszt (1811–1886) zugunsten des Weiterbaus (vgl. V. 61 f.); die Rede des preußischen Königs Friedrich Wilhelm IV. (1795–1861) auf dem Dombaufest 1842 (vgl. V. 63f.), mit dem die neue Bauphase begann; den Transport von Steinen auf dem Wasserweg aus Schwaben nach Köln (vgl. V. 65–68).

Werbung für den Weiterbau durch reaktionäre Kreise

Die Anapher „Er wird nicht vollendet" (V. 65, 69) wiederholt und betont noch einmal die grundlegende Überzeugung (V. 49), die sich trotz aller Werbung für den Weiterbau erfülle. Die Propaganda der reaktionären Kreise vergleicht der Dichter mit dem Geschrei von „altertümlich gesinnt[en]" Raben und Eulen (V. 70f.). Im Gegensatz zu ihnen blickt er in die Zukunft und sagt voraus, dass das unfertige Gebäude einst als Pferdestall genutzt werde (vgl. V. 73–76). Die Fra-

Missbrauch des unfertigen Doms als Pferdestall

Respektloser Vorschlag für die Aufbewahrung der Reliquien

ge, was dann mit den Heiligen Drei Königen geschehe, deren Reliquienschrein im Dom steht, beantwortet er respektlos: Sie könnten in die Eisenkörbe am Turm der Kirche St. Lamberti zu Münster gesteckt werden, in denen 1536 die hingerichteten Anführer der Wiedertäufer[1] zur Schau gestellt wurden. Das Kapitel endet mit einer Spitze gegen das Monarchentum: Wenn einer der drei Könige aus dem Morgenland nicht mehr vorhanden sei, solle er durch einen „abendländ'schen" ersetzt werden (vgl. V. 89–92).

Der Kölner Dom als religiöses und nationales Symbol: Einstellung und Reaktion des Erzählers

Deutung

des Bauwerks	**seiner Nichtvollendung**
• Kerker des Geistes und der Vernunft • listiges Mittel zur Bekämpfung eigenständigen Denkens	• lebendiger Widerstandsgeist • Aufgeschlossenheit für Neues • „Denkmal von Deutschlands Kraft/ Und protestantischer Sendung" (V. 50–52)

Reaktion

- Verspottung von Maßnahmen und Menschen, die sich für die Vollendung des Bauwerks einsetzen
- Prophezeiung der Entweihung als Pferdestall
- respektloser Vorschlag für die Aufbewahrung der Reliquien der Heiligen Drei Könige oder eines Monarchen zur Zeit des Erzählers

Bündnis von geistlicher und weltlicher Macht

Nach dem preußischen Militär überzieht der Erzähler eine zweite Säule der alten politischen und sozialen Ordnung, auf der die nationale Einheit ruhen soll, mit seinem Spott: den deutschen Katholizismus, seine Intoleranz und sein bauliches Sinnbild, den Kölner Dom. Für den Schriftsteller bewahren sie die unheilvollen Seiten des Mittelalters. Geistliche und weltliche Macht verbünden sich, wenn der

[1] reformatorische Bewegung, welche die Erwachsenentaufe verlangte und wegen ihres sozialrevolutionären Flügels unterdrückt wurde

preußische König sich für die Fortsetzung des Dombaus einsetzt (vgl. V. 63f.). Friedrich Wilhelm IV. hatte sich schon als Ideengeber bei der Einführung der Pickelhaube hervorgetan. Beide Textstellen werfen einen kurzen Blick auf das Oberhaupt Preußens, auf welches Caput XXVII näher eingeht.

Andere Gründe für die Unterbrechung des Dombaus

Tatsächlich wurde der Bau nicht nur wegen der Reformation, sondern auch aus finanziellen und ästhetischen Gründen unterbrochen. Der gotische Stil[1] galt im 16. Jahrhundert als altmodisch und wurde erst in den Epochen des Sturm und Drang und der Romantik wieder geschätzt. Auf solche Differenzierungen verzichtet Heine zugunsten der poetischen Konzentration und satirischen Schlagkraft des „Wintermärchens". Anfangs unterstützte er sogar als Mitglied und Vizepräsident des Pariser Domvereins den Weiterbau, doch Preußen und die Kirche als Mächte der Restauration veranlassten ihn zum Umdenken.[2] Ähnliche Auseinandersetzungen wie um die Vollendung des Kölner Doms gab es jüngst um den Wiederaufbau des Berliner Stadtschlosses, in dem bis zum Ende des Ersten Weltkriegs die preußische Königs- und später Kaiserfamilie residierte und das die Regierung der DDR sprengen ließ.

Heines Umdenken

Ähnliche Diskussionen um den Wiederaufbau des Berliner Stadtschlosses

Enges Verhältnis zwischen Rhein und Erzähler

Caput V: Der nächtliche Gang durch die Stadt führt den Reisenden an den Rhein, den er personifiziert und nach seinem Ergehen fragt. Das enge Verhältnis zwischen beiden zeigt sich daran, dass sie sich als Vater und Sohn ansprechen (vgl. V. 5, 13, 57), der Besucher seine häufige Sehnsucht nach dem Fluss erwähnt und dieser sich über das Wiedersehen freut. Dem Erzähler antwortet die gebrochene Stimme eines alten, kranken Mannes, dass ihm das

---

[1] Er war im späten Mittelalter verbreitet. Typisch für ihn sind die in die Höhe strebenden spitzen Fenster und Bögen.

[2] Vgl. DHA 4, S. 1102f.

Ärger des Flusses über Beckers nationalistisches Gedicht

patriotische Lied „Der deutsche Rhein“[1] von Nicolaus Becker (1809–1845) den Magen verdorben habe. Er ärgere sich maßlos darüber, dass „der dumme Kerl“ (V. 33) ihn als „reinste Jungfer“ (V. 22) bezeichne, als sei er von den Franzosen nie erobert worden (vgl. V. 30–32). Er fürchtet, dass diese sich bei ihrer Rückkehr, die er sehr wünsche (vgl. V. 39f., 45), über ihn, der sie liebe, lustig machen könnten. Er fragt den Besucher aus Paris, ob sie noch immer so lebensfroh wie früher seien und weiße Uniformhosen trügen (vgl. V. 43f.). Nach dieser Sympathiebekundung überkommt ihn wieder die Angst vor dem Spott, vor allem vor den Witzen Alfred de Mussets (1810–1857), der mit einem Gegengedicht auf Beckers Rheinlied reagierte.[2]

Sympathie für die Franzosen und Angst vor ihrem Spott

Der Erzähler im Gespräch mit Vater Rhein (Zeichnung von Hans Traxler)

[1] Es entgegnet der 1840 erneut und verstärkt erhobenen Forderung in Frankreich, dass der Rhein die Grenze zu Deutschland sein solle, in wiederholten Versen: „Sie sollen ihn nicht haben,/Den freien deutschen Rhein“. Unterschiedliche Bilder der Natur und des menschlichen Lebens entlang des Flusses sollen diese Überzeugung untermauern. Siehe S. 126f. in der Textausgabe.

[2] Die Überschrift lautet ebenfalls „Der deutsche Rhein“ und der Untertitel weist das Gedicht als „Antwort auf das Lied von Becker“ aus. Dessen Refrain widerspricht es mit den Worten: „Wir haben ihn gehabt, den deutschen Rhein.“ Diese Tatsache belegen Feststellungen, die auf Beckers Bilder zurückgreifen. Siehe S. 127f. in der Textausgabe.

Der Erzähler hat Mitleid mit dem klagenden Rhein und tröstet ihn damit, dass Frankreich sich verändert habe: Das revolutionäre Weiß der Soldatenhosen sei bürgerlichem Rot gewichen und die unbeschwerte Lebensart habe sich der grüblerischen deutschen angepasst (vgl. V. 61–69). Die Franzosen studierten jetzt sogar die philosophischen Werke der wichtigsten Vertreter des deutschen Idealismus[1] mit dem Ergebnis, dass sie nicht mehr dem konsequenten Aufklärer Voltaire (1694–1778), sondern dem preußischen Theologen Ernst Wilhelm Hengstenberg (1802–1869) folgten, der die Gegenströmung vertritt. De Mussets Spöttereien wisse er, so der Dichter weiter, mit den gleichen satirischen Mitteln zu beenden. Schließlich beruhigt er den Rhein damit, dass anstelle schlechter Lieder bald ein besseres, von ihm selbst verfasstes zu hören sei, das er schon in Caput I angekündigt hat. Er komme wieder zu ihm zurück.

Trost und Beruhigung durch den Erzähler

Veränderungen in Frankreich

Satirische Entgegnung auf de Mussets Spöttereien

Das Kapitel gliedert sich durch die Klagen des Rheins und den Trost des Besuchers in zwei Teile. Dessen Anteilnahme und Zuneigung sowie das Vater-Sohn-Verhältnis erklären sich zunächst biografisch, denn Düsseldorf ist Heines Heimatstadt. Darauf weist er 1844 im „Vorwort zum Einzeldruck" des „Wintermärchens" selbstbewusst hin: „[I]ch bin des freien Rheins noch weit freierer Sohn, an seinem Ufer stand meine Wiege"[2]. Dieses Freiheitsbewusstsein geht auf Napoleon zurück, „denn nach der Eroberung des Rheinlandes [...] waren die in der Französischen Revolution errungenen Grundrechte auf die Rheinländer und [...] auf die jüdischen Mitbürger ausgedehnt worden"[3]. Aus dieser Erfahrung entsteht die Sympathie des Dichters für Frankreich, die er mit dem Fluss ebenso teilt wie die Abneigung

Biografisch begründete Nähe des Dichters zum Rhein

Französischer Ursprung des Freiheitsbewusstseins

---

[1] Philosophische Lehre, die Ideen und Ideale als bestimmende Kräfte betrachtet. Durch sie könnten die Menschen sich und die Welt verändern.

[2] S. 124, Z. 1 f. in der Textausgabe.

[3] DHA 4, S. 1109.

Ablehnung des Nationalismus in Deutschland und Frankreich

gegen den Nationalismus auf beiden Seiten. Diesen hatte 1840 der erneute französische Anspruch auf das linke Rheinufer entfacht, auf dem zum Beispiel Köln und Aachen liegen. Daraus entwickelten sich emotionale Auseinandersetzungen, die Beckers und de Mussets Gedicht anheizten.

Entkräftung von Vorwürfen

Den Vorwurf, als „Freund der Franzosen" wolle er ihnen den „freien Rhein[ ]" abtreten, weist Heine im „Vorwort zum Separatdruck" zurück, „weil mir der Rhein gehört […] durch unveräußerliches Geburtsrecht, […] und ich sehe gar nicht ein, warum der Rhein irgendeinem Andern gehören soll als den Landeskindern"[1]. Er beansprucht ihn also für die Anwohner und lehnt es in dem Vorwort ab, dass der Strom für abstrakte nationalistische Ideen, die bloß die Feindschaft zwischen den Nachbarvölkern schürten, missbraucht werde.[2]

Eine vermummte Gestalt hinter dem Erzähler

Caput VI: Auf dem Weg zurück zum Dom (vgl. V. 31 f.) bemerkt der Erzähler, dass ihm eine „vermummte[ ]", „[u]nheimliche" Gestalt (V. 11 f.) in immer gleichem Abstand folgt (vgl. V. 25–32). Er kennt sie von früher und vergleicht sie mit geisterhaften Erscheinungen oder Dämonen, die berühmte Männer inspiriert haben sollen. Bei dem Violinvirtuosen Niccolò Paganini (1782–1840) erlaubt er sich den Spaß, den geheimnisvollen Hund und den realen Reisebegleiter auf eine Stufe zu stellen (vgl. V. 3 f.).
Der Dichter berichtet, dass die rätselhafte, untersetzte Person manchmal nachts hinter seinem Schreibtisch gestanden, ihn nie gestört, aber vermutlich ein Beil unter dem Mantel getragen habe. „Seit Jahren" habe sie sich nicht mehr blicken lassen, bis sie in Köln in der Nähe des Doms, des Kerkers des Geistes und der Vernunft (vgl. IV/V. 41–44), wieder auftaucht. Da der Erzähler in der freieren Luft von

---

[1] S. 123, Z. 18 f., 35–S. 124, Z. 4 in der Textausgabe.
[2] Siehe S. 123, Z. 29–35 in der Textausgabe.

Paris lebt (vgl. den Anfang des Vorworts zum Einzeldruck), heißt das, dass die Gestalt ein deutsches Phänomen verkörpert. Weil er sie immer dann wahrnimmt, wenn ihn große Gefühle und Ideen erfüllen (vgl. V. 37–40), fragt er missmutig nach ihrer Identität und Absicht (vgl. V. 44). Der Begleiter bittet jedoch, sich nicht gegen ihn zu wehren. Er sei kein Gespenst und weder sprachgewandt noch geistig rege (vgl. V. 47–52). Vielmehr setze er die Gedanken des Erzählers konsequent in die Tat um. Fünfmal beschreibt er diese Funktion in unterschiedlichen Worten (vgl. V. 55–64, 71 f.). Daraus ist zu schließen, dass er denjenigen, an den sie sich richten, zu bewusstem und verantwortungsvollem Denken ermahnen will. Außerdem verdeutlicht er seine Rolle am Verhältnis zwischen einem Richter und seinem Diener sowie zwischen dem römischen Konsul und dem Liktor, der jenem das Richtbeil vorantrug.

Identität und Absicht des Begleiters

Anklänge an die republikanische Epoche des antiken Rom verbinden sich in diesem Kapitel mit romantischen Vorstellungen von unheimlich-gespensterhaften Gestalten und Doppelgängern in schauerlichen nächtlichen Szenerien. Der Inhalt konzentriert sich auf das Verhältnis zwischen Denken und Handeln, Urteilen und Vollstrecken. Müssen sie in einer Person vereinigt sein oder lassen sie sich auf zwei Menschen verteilen? Diese allgemeine Frage beschäftigte Heine insbesondere als politischen, modernen Schriftsteller, der sich für Freiheit und Sozialismus einsetzte (vgl. I/V. 37–44, 57–60). Die Anwesenheit und die Worte des Begleiters bringen zum Ausdruck, dass Dichter und ihre fiktiven Werke in der Wirklichkeit etwas bewirken können. Aber müssen die Autoren selber aktiv werden? Eine Zeit lang ging Heine davon aus, nicht mehr jedoch, als das „Wintermärchen" entstand. Deshalb ist die geheimnisvolle Gestalt wohl kein zweites Ich des Erzählers, obwohl er sie mit seinem Schatten vergleicht (vgl. V. 27). Als ausführende Instanz seiner Gedanken ist der Begleiter in der Lage,

Rom und Romantik

Frage des Schriftstellers nach der Zusammengehörigkeit und dem Auseinanderfallen von Denken und Handeln

sich zu verselbstständigen. Der Autor beherrscht die Folgen seines Denkens nicht. Ein weiterer Aspekt ergibt sich daraus, dass Heine Frankreich das revolutionäre Handeln zuordnet, Deutschland aber den philosophischen Geist. In der alten Heimat nimmt er „[d]ie Tat von deinem Gedanken" (V. 72) als fremde Person wahr, die ihm das Spannungsverhältnis wieder bewusst macht.

Lob deutscher Federbetten – Verallgemeinerung und Ironie

Caput VII: Von dem nächtlichen Gang durch Köln in die Unterkunft zurückgekehrt, schläft der Reisende bestens in einem deutschen Federbett, das er in Paris vermisst. Verallgemeinernd und ironisierend lobt er es als den Ort, an dem sich die Deutschen in ihren Träumen frei fühlten und stolz über ein himmlisches Luftreich herrschten. Dieses sei, so fügt er spöttelnd hinzu, nicht in zahlreiche Einzelstaaten zerstückelt wie das Land, in dem sie auf Erden wohnen. In der realen Welt hätten Franzosen, Russen und Briten die Macht. Dieser Gegensatz zwischen wirklichem und geträumtem Reich geht auf das Gedicht „Der Antritt des neuen Jahrhunderts" von Friedrich Schiller (1759–1805) zurück. Er zieht um 1800 aus dem Ringen zwischen Frankreich und Großbritannien um die Vorherrschaft in der Welt und aus der Erkenntnis, dass es in ihr keine Freiheit gibt, den Schluss: „Freiheit ist nur in dem Reich der Träume". Diesem Satz, der in der Klassik Freiheit in einem irrealen Raum ansiedelt, um die Menschen zu veredeln, widerspricht der Erzähler gleich im ersten Caput (vgl. V. 57–60). Nach diesem indirekten Angriff auf die Freiheits- und Herrschaftsträume der Deutschen schildert der Erzähler, was er selber in dieser Nacht träumt. Im Gegensatz zur vorherigen Realitätsflucht in himmlische Höhen bleibt er jedoch dem Irdischen verhaftet. Wieder sieht er sich „im hellen/Mondschein" (V. 30f.) durch Köln gehen, hinter ihm „[m]ein schwarzer, vermummter Begleiter" (V. 34). Er fühlt sich aber erschöpft und aus einer „Herzenswunde" fließt Blut

Freiheits- und Herrschaftsträume in Himmelsräumen

Ironische Auseinandersetzung mit Versen eines Gedichts Schillers

Realitätsbezogener Traum des Erzählers

Ermüdendes Gehen durch das nächtliche Köln

(V. 37–40), mit dem er die Pfosten von Haustüren bestreicht. So kennzeichneten im 2. Buch Mose, Kap. 12, V. 7–13 die Israeliten in Ägypten beim ersten Passafest vor dem Auszug ihre Eingänge, damit Gott die Erstgeborenen unter Menschen und Vieh nicht töte. Im „Wintermärchen" bringt dieses Zeichen jedoch nicht Rettung, sondern den Tod, denn „[e]in Sterbeglöckchen" läutet (V. 47f.) und hinter „wilden Wolken" verdunkelt sich der Mond (V. 49–52). Da der Mondschein, auf den jedes Köln-Kapitel hinweist (vgl. IV/V. 37; V/V. 4; VI/V. 24; VII/V. 31), für Heine zu den wichtigsten Merkmalen der Romantik[1] gehört, spiegelt sich am Himmel das Ende dieser Epoche. Mehr noch: Der Dichter hat es selbst herbeigeführt. In den „Geständnissen" bekennt er: „Nachdem ich dem Sinne für romantische Poesie in Deutschland die tödlichsten Schläge beigebracht, beschlich mich selbst wieder eine unendliche Sehnsucht nach der blauen Blume[2] im Traumlande der Romantik". In dieser Stimmung singt er ein Lied zur Laute, in dem er sich „aller Mondscheintrunkenheit" hingibt.[3] Heine beschreibt eine paradoxe Situation: Das Sehnsuchtsgefühl kommt aus seinem Herzen, das er tödlich verletzt hat.

Blutbestrichene Türpfosten: Tod statt Rettung

Verdunkelung des Monds

Heines Kampf gegen die romantische Poesie und seine Sehnsucht nach ihr

Der Erzähler und sein Begleiter gehen weite Strecken durch die Stadt, was aus der Wiederholung des Verbs hervorgeht (vgl. V. 33, 36f., 53, 57). Das merkwürdige Paar erreicht den Dom und betritt dessen dunklen, unheimlichen Innenraum, den „Tod und Nacht und Schweigen" (V. 62) erfüllen. Die Drei-Königs-Kapelle aber ist im Kontrast dazu durch „funkelnde Kerzenhelle/Und blitzendes Gold und Edelstein" erleuchtet (V. 70f.). Dort findet ein gespenstisches Schauspiel statt: Die Skelette der Könige sitzen, mit Machtinsignien ausgestattet, auf ihren prunkvollen Särgen

Dunkler Dom und helle Drei-Königs-Kapelle

Gespenstischer Auftritt der königlichen Skelette

---

[1] Siehe die Begriffserläuterung auf S. 133f.

[2] Sie gilt als Symbol der Romantik. In dem Romanfragment „Heinrich von Ofterdingen" von Novalis (1772–1801) sucht die Titelfigur nach ihr.

[3] DHA 15, S. 13.

und bewegen die Knochen „[w]ie Hampelmänner" (V. 81.f.). Lange tot und ihrer Macht beraubt, scheinen sie noch einmal nach dieser greifen zu wollen. Der Widerspruch zwischen Herrscherwürde und Tod, königlichem Prunk und Kinderspielzeug setzt sich im Geruch von Moder und Weihrauchduft fort (vgl. V. 83f.). Einer der Könige verlangt Respekt vor dem Toten, dem Herrscher und dem Heiligen, doch der Erzähler verweigert diesen mutig und lachend (vgl. V. 92–94). Der längst Verstorbene sei eine Figur der Vergangenheit und habe im Grab seinen Platz. Kapelle und Dom beanspruchten jetzt lebende, fröhliche Menschen. Wenn die toten Könige dem Appell des Besuchers (vgl. V. 97) nicht Folge leisteten und verschwänden, vertreibe er sie mit Gewalt, droht er mit einem Zitat aus Goethes (1749–1832) Ballade „Erlkönig" (vgl. V. 103). Er winkt dem stummen Begleiter, der die Skelette mit seinem Beil erbarmungslos zerschlägt. Dadurch bricht die Wunde seines Herzens wieder auf, aus dem das Blut nicht mehr nur tröpfelt (vgl. V. 39f.), sondern sich in Strömen ergießt (vgl. V. 115f.).

Reliquienschrein der Heiligen Drei Könige im Kölner Dom

Verweigerter Respekt des Besuchers

Drohung des Besuchers und Umsetzung durch den Begleiter

Träume

der Deutschen	des Erzählers in Köln
• Freiheitsgefühl in himmlischen Höhen • Herrschaft über ein Luftreich • staatliche Einheit im Gegensatz zu den vielen Einzelstaaten auf Erden	• Wiederholung des nächtlichen und diesmal anstrengenden Gangs durch die Stadt zum Dom • in Begleitung der vermummten Gestalt • gespenstischer Auftritt der Heiligen Drei Könige in ihrer Kapelle • Forderung von Respekt vor ihnen und dessen Verweigerung durch den Besucher • Androhung von Gewalt und Zerschlagung der Skelette durch den Begleiter • Tropfen und Ströme von Blut aus dem Herzen des Reisenden
↓	↓
Realitätsflucht, welche der Erzähler in Caput I ablehnt	**Realitätsbezug** paradoxes Verhältnis zur Romantik und Glaubenstradition

Ablehnung einer Glaubenstradition, an der das Herz des Erzählers hängt

Mit den „Skelette[n] des Aberglaubens" (V. 111) zerstört der Begleiter eine Glaubenstradition, die der Erzähler einerseits für überwunden hält, weil sie der Vernunft widerspricht. Andererseits fühlt sich der Dichter aber solcher Volksfrömmigkeit ebenso wie der Romantik noch verbunden. Er lehnt wie Heine ab und vernichtet, woran sein Herz hängt. Seine Wunde und das vergossene Blut deuten auf die Schmerzen hin, die er deswegen empfindet.

Vorstellen und Agieren der geheimnisvollen Gestalt

Romantik und Moderne

Während sich die geheimnisvolle Gestalt in Caput VI vorstellt, tritt sie in Caput VII auf Geheiß des Dichters in Aktion. Die Traumszenerien im Himmel, wo schon im Lied des Harfenmädchens in Caput I „die Seele schwelgt" (V. 23), und auf der Erde sind romantischen Ursprungs, die Umwidmung des Doms, der Kampf gegen den Aberglauben und die Mächte des Vergangenen sowie die Ironie dagegen modern.

Caput VIII: Mülheim

Äußere Bedingungen und inneres Empfinden auf der Weiterreise

Bemerkungen über den Preis und eingeschränkten Komfort auf der Weiterreise leiten zu dem Gegensatz zwischen den schlechten äußeren Bedingungen des feucht-grauen Wetters und aufgeweichter Wege auf der einen Seite und inneren Glücksempfindungen auf der anderen über. Selbst Schlamm und Pferdemist erfreuen den Reisenden, weil sie zu seiner Heimat gehören (vgl. V. 9–12, 15f.).

Heitere Aufbruchsstimmung beim letzten Aufenthalt in der Stadt

Auf der Fahrt durch Mülheim bei Köln erinnert er sich an seinen letzten Aufenthalt in der Stadt im Mai 1831, als Blumen, Sonne und Vogelgezwitscher das Gemüt der Einwohner erheiterten (vgl. V. 21–23). Diese Aufbruchsstimmung im Frühling erstreckte sich auch auf die Herrschaftsverhältnisse, weil die Menschen auf den Rückzug der Preußen aus der Rheinprovinz hofften. Die Vorstellung eines Abschiedstrunks mit Waffengewalt (vgl. V. 27f.) nahm die Schadenfreude schon vorweg. Die Julirevolution 1830 in Frankreich[1] hatte die Erwartung geweckt, dass die erneuerte Freiheit auch im Rheinland, wo sie in personifizierter Form tanzend ankommt, ebenfalls Glücksgefühle und Fröhlichkeit verbreitet (vgl. V. 29f.). Ihr wurde sogar zugetraut, den toten Napoleon wiederzubeleben, den Heine verehrte. Denn 1806 wurde das Herzogtum Berg mit Düsseldorf, der Geburtsstadt des jüdischen Dichters, an Frankreich abgetreten und das dort geltende fortschrittliche Rechtssystem eingeführt, das insbesondere Juden zugutekam.

Zerschlagene Hoffnungen

Mit dem Schreckensruf „Ach Gott!" (V. 33) beginnt die Schilderung der zerschlagenen Hoffnungen, wie sie der Erzähler im November 1843 wahrnimmt. Die ehemals mageren, weil sparsamen preußischen Ritter seien nicht abgezogen, sondern mittlerweile in der Rheinprovinz dick geworden. Außerdem sprächen sie dem Wein kräftig zu. Ein verstauchter Fuß hindere die Freiheit nun am Spielen und

---

1 Siehe die historischen Hintergründe auf S. 97f.

Tanzen, und die Trikolore, die sie einst mit sich führte, verbreite in Paris keine Freude mehr, sondern Trauer (vgl. V. 41–44). Dort hatte der an eine Verfassung gebundene Bürgerkönig Louis-Philippe (1773–1850) das Volk nach der Revolution von 1830 enttäuscht[1]. Und schließlich habe sich die mögliche Auferstehung Napoleons (vgl. V. 31 f.) anders abgespielt als gedacht, nämlich als Überführung seiner sterblichen Überreste nach Paris, wo sie in einem prunkvollen Trauerzug zum Invalidendom gebracht wurden. Mit dem toten Kaiser wird sein Reich der Freiheit zu Grabe getragen, das nur noch als „imperiale[r] Märchentraum" in Erinnerung bleibt (vgl. V. 61–64). Das prächtige Schauspiel, das der Erzähler bei Nebel, Schnee und Kälte miterlebt, deprimiert ihn. Die Musik klingt „[m]isstönend schauerlich" (V. 57) in seinen Ohren und von den Fahnen fühlt er sich wehmütig gegrüßt. Schließlich weint er, als er den lange nicht mehr gehörten Hochruf auf Napoleon vernimmt (vgl. V. 67 f.).

Auferstehung und Bestattung Napoleons

Enttäuschte Hoffnungen auf der Fahrt durch Mülheim

Mai 1831	**November 1843**
Frühlingsstimmung	feucht-graues Herbstwetter, verschlammte Wege
↓	↓
Freiheitshoffnungen	zerschlagene Hoffnungen
• Julirevolution 1830 in Frankreich	• Schreckensruf „Ach Gott!" (V. 33)
• Spiel und Tanz der Freiheit	• Abflauen der revolutionären Begeisterung • verrenkter Fuß der personifizierten Freiheit
• Rückzug der Preußen aus der Rheinprovinz	• wohlgenährte und dem Wein zugeneigte Preußen, die im Rheinland geblieben sind
• Fortsetzung der von Napoleon begonnenen Veränderungen	• Grablegung des toten Kaisers und seines Reichs der Freiheit nach einem prunkvollen Trauerzug

[1] Siehe die historischen Hintergründe auf S. 98.

Julirevolution 1830 in Frankreich und triste Wirklichkeit 1843

Das Kapitel stellt die 1830 in Frankreich wieder erwachten revolutionären Hoffnungen, die auch Deutschland und andere europäische Länder erfassten und Heine ermunterten, nach Paris zu gehen[1], der tristen Wirklichkeit 13 Jahre später gegenüber. Die Jahreszeiten Frühling und Herbst verstärken den Gegensatz, der sich im Winter noch zuspitzt, als mit Napoleon die Freiheitsrechte bestattet werden, die er in Europa verbreitet hat. Reiseeindrücke in Mülheim und dadurch ausgelöste Erinnerungen überlagern sich mit wehmütigen Empfindungen bei der triumphalen Überführung des toten Kaisers in Paris. Die betrüblichen Entwicklungen in Frankreich thematisiert der Dichter schon im Gespräch mit dem Rhein (vgl. V/V. 59–72). Während ihn der kaiserliche Prunk traurig stimmt, durchdringt ihn in seinem Vaterland „trotz des schlechten Wetters und Wegs [...] süßes Behagen" (V. 7f.) und der Pferdemist erscheint ihm wie goldene Äpfel (vgl. V. 15f.).

Trauer und Wohlbehagen

Caput IX: Hagen

Gegen 15:00 Uhr erreicht die Postkutsche Hagen, wo der Reisende zu Mittag isst. Euphorisch begrüßt er die personifizierten Speisen (vgl. V. 7, 11), die den Gast ebenso willkommen heißen (vgl. V. 17–21) und ihn lange vermisst haben. Wegen seiner langen Abwesenheit tadeln ihn die Wacholderdrosseln in der Pfanne, weil sie sich zurückgesetzt fühlen (vgl. V. 22–24). Der Reisende freut sich über das traditionelle deutsche Essen, darunter ein Gericht, das ihm seine Mutter früher aufgetischt hat. In der Liebe zu diesen Speisen äußert sich sein Patriotismus (vgl. V. 13–16). Angesichts einer gebratenen Gans denkt er an das „stille[ ], gemütliche[ ] Wesen" (V. 26) dieses Tiers und an eine junge Frau, die ihr geglichen und ihn einst geliebt habe. Im Kontrast von „schöne[r] Seele" und zähem Fleisch (V. 31f.)

Gegenseitige euphorische Begrüßung von Speisen und Gast

Essensfreude als Patriotismus

Gedanken- und Wortspielereien

[1] Siehe Lebensstationen und Werk Heines auf S. 106.

fließen beide Ebenen in satirischer Absicht ineinander. Der Erzähler überträgt einen zentralen Begriff der deutschen Klassik, in dem sich ihr Humanitätsideal verdichtet, in einen unpassenden Kontext, um sich über ihn lustig zu machen. Schiller definiert ihn in dem Aufsatz „Über Anmut und Würde“: „In einer schönen Seele ist es also, wo Sinnlichkeit und Vernunft, Pflicht und Neigung harmonieren“[1]. Die Kritik an Poeten im Umfeld oder in Diensten des Adels setzt sich mit dem lorbeergeschmückten Schweinerüssel (vgl. V. 33–36) fort, denn mit Zweigen des immergrünen Baums wurden manche von ihnen in der Hofgesellschaft gekrönt.

Spott über einen zentralen Begriff der Klassik

Lorbeerschmuck auf Schweinerüsseln und Dichterköpfen

Nach der Trauer über die betrüblichen politischen Verhältnisse im vorausgehenden Kapitel löst der Anblick der heimatlichen Speisen Glücksgefühle im Erzähler aus. In seinem Lobgesang zeigt sich eine weitere Facette seiner Vaterlandsliebe, die er seinen Gegnern, den nationalistischen Schwärmern, entgegenhält. Deren Patriotismus verlangt eine einheitliche Gesinnung, die Abgrenzung und Feindschaft pflegt. Seine Bindung an Deutschland beruht dagegen auf leiblichem Genuss, der allen zugutekommt (vgl. I/V. 45), und auf verwandtschaftlichen oder anderen persönlichen Beziehungen, sei es zu seiner Mutter (vgl. XX), zum Rhein, als dessen freier Sohn er sich fühlt (vgl. das Vorwort zum Einzeldruck) oder zur Hamburger Stadtgöttin Hammonia, die ihn von früher kennt und verehrt (vgl. XXIII/V. 78–80, XXIV/V. 17–20). Sie heißen ihn wie die Speisen mit Freude willkommen (vgl. V/V. 13f.; XX/V. 5–8; XXIII/V. 77f.), während nationalistische Kreise den „Freund der Franzosen“[2], Europäer und Weltbürger ausgrenzen.

Gegensätzliche Gefühle

Unterschiedliche Formen von Vaterlandsliebe

Willkommensgrüße und Ausgrenzung

---

[1] Friedrich Schiller. Sämtliche Werke. 5. Bd. Hrsg. v. G. Fricke u. H. G. Göpfert. 9., durchges. Aufl. Lizenzausg. f. d. Wiss. Buchgesellschaft Darmstadt. München: Hanser 1993, S. 468.

[2] Vorwort zum Einzeldruck auf S. 123, Z. 18f. in der Textausgabe.

Caput X: Unna

Angenehmer Aufenthalt in einem westfälischen Wirtshaus

Bei Nacht kommt der frierende Gast in einem Wirtshaus in Unna an. Dort wärmen ihn ein heißer Punsch, „[e]in hübsches Mädchen" (V. 5), das diesen serviert, und der westfälische Dialekt, den es spricht, wieder auf. Angenehme Gefühle wie an der letzten Station in Hagen stellen sich erneut ein. Die „lieben Westfalen" (V. 13) rufen in dem Erzähler ein weiteres Mal mehrere Bedeutungsebenen (vgl. II/V. 7, 13–16; III/V. 40, 56–60) und jetzt sogar unterschiedliche Erinnerungsbereiche wach, die sich überlagern. Zum einen denkt er an die Mitglieder der Studentenverbindung „Guestphalia" in Göttingen, der Heine angehörte, zum andern an die Bewohner der Region, in der er übernachtet. Das Zusammengehörigkeitsgefühl der „Guestphalen" sei an ihren Gemeinschaftsabenden zu erleben gewesen, an denen er sich in der Universitätsstadt mit ihnen betrunken habe, und ihr Mut bei Fechtkämpfen, bei denen sie beherzt ihren Mann gestanden hätten (vgl. V. 13–16, 21–24). Das Liebesbekenntnis an das Volk der Westfalen und die Charakterisierung in der Strophe dazwischen (vgl. V. 17–20) könnten aber ebenso gut die Menschen meinen, unter denen er sich gerade befindet und deren Mundart ihn ergötzt (vgl. V. 9f.). In gleicher Weise könnten sich das noch einmal erwähnte Fechten und Trinken, die große Emotionalität und die zusammenfassende Einschätzung als „sentimentale Eichen" (V. 28) auf den Menschenschlag in Westfalen beziehen. Ihm gelten die abschließenden Segenswünsche, die sich an Bauern (vgl. V. 30), ruhmsüchtige Kämpfer (vgl. V. 31f.) und Väter von Söhnen und Töchtern richten. Die männlichen Nachkommen mögen erträgliche Examen bestehen und die weiblichen leicht einen Ehemann finden.

Zwei Bedeutungs- und Erinnerungsbereiche

Trinkgelage und Fechtkämpfe in der Studentenverbindung

Liebesbekenntnis und Segenswünsche für die Westfalen

Ironisierendes „Amen!"

Das Schlusswort „Amen!" – So sei es! – bekräftigt die Bitten in den beiden letzten Strophen religiös, was der kirchenkritische, diesseitsorientierte Erzähler aber nicht ernst meint.

Vielmehr bedient er sich der Sprachform des Segensspruchs, um seine Wünsche zu ironisieren. Er distanziert sich aber nicht vollkommen von der ländlichen, kleinbürgerlichen Lebensweise Westfalens, die ihm fremd und gleichzeitig sympathisch ist (vgl. V. 17–20). Mit der Bitte um Bewahrung „[v]or Helden und Heldentaten" (V. 32) teilt er eine Einstellung, die 100 Jahre später die Titelfigur in Bertolt Brechts (1898–1956) Schauspiel „Leben des Galilei" folgendermaßen formuliert: „Unglücklich das Land, das Helden nötig hat"[1]. Inwieweit sich die Ironie auf die Beschreibungen und Wertungen in den vorausgehenden Strophen dieses Kapitels erstreckt, bleibt ebenfalls in der Schwebe. In dem blondlockigen Mädchen im Wirtshaus und dem dampfenden Punsch lebt die Romantik[2] auf, die Heine zwiespältig beurteilt, und der Stumpfsinn der Studenten und ihrer Riten blieb ihm nicht verborgen.

Schwebezustand zwischen Distanzierung und Sympathie

Ablehnung von Heldentum

Caput XI, XII: Teutoburger Wald

Caput XI: Auf der Fahrt durch den Teutoburger Wald ruft der Reisende ein geschichtliches Ereignis in Erinnerung, das in diesem Gebiet stattgefunden haben soll[3] und das nationalistische Kreise als den Ursprung des deutschen Einheits- und Freiheitswillens ansahen: den Sieg des Germanenfürsten Arminius, den sie Hermann nannten, über die römischen Legionen des Varus im Jahre 9 n. Chr. Der Dichter malt sich in seiner Fantasie die Folgen aus, wenn die Schlacht anders ausgegangen wäre und in Deutschland bis in die Gegenwart „römische Sprache und Sitten" herrschten (V. 14). Im Konjunktiv II versetzt er insbesondere solche Berliner Zeitgenossen, die er als seine Gegner betrachtet oder die er als Künstler tadelt, in die Antike und macht sich

Erinnerung an die Schlacht im Teutoburger Wald

Vorstellung der Folgen eines römischen Sieges

[1] Bertolt Brecht: Leben des Galilei. 11. Aufl. Frankfurt am Main: Suhrkamp 1970, S. 114.

[2] Siehe die Begriffserläuterung auf S. 133f.

[3] Der tatsächliche Ort der Varusschlacht ist bis heute umstritten.

Verspottung von Berliner Zeitgenossen

so über sie lustig. Die preußischen Theologen Hengstenberg und Neander (1789–1850) würden die Zukunft aus tierischen Eingeweiden oder aus dem Vogelflug erschließen (vgl. V. 17–20), und der grobschlächtige, national gesinnte und deshalb in Preußen als Demagoge verfolgte „Turnvater" Jahn (1778–1852) trüge wie andere lateinische Namen (vgl. V. 29–32). Zum Teil latinisiert der Erzähler verächtlich deren schlechte Charaktereigenschaften: Jahn hieße Grobianus und der „deutsche[ ] Lump" Raumer (1781–1873) „wäre ein röm'scher Lumpazius" (V. 25 f.). Der Lyriker Ferdinand Freiligrath (1810–1876) müsste auf Endreime verzichten, weil die Römer diese Form noch nicht gekannt hätten, und die Werke des Malers Peter von Cornelius (1783–1867) würden mit einem vulgären Sprichwort in lateinischer Sprache verworfen. Deutschland wäre, so fantasiert der Erzähler weiter, nicht in 36 Einzelstaaten zersplittert, sondern von einem einzigen grausamen Kaiser beherrscht (vgl. V. 37–40), und Widerstand wäre nur durch Selbstmord möglich. „Wahrheitsfreunde" müssten sich nicht in Zeitungen gegen regierungstreue Artikel zur Wehr setzen, sondern in römischen Amphitheatern gegen wilde Tiere kämpfen (vgl. V. 33–36).

Hermannsdenkmal bei Detmold (Ausschnitt)

Gewaltherrschaft und Wahrheitssuche

Gespielte Erleichterung

Mit dem wiederholten Ausruf „Gottlob!" (V. 45, 57) beendet der Reisende die Fiktion und gaukelt Erleichterung vor, dass es anders gekommen ist und die Deutschen sich von der römischen Herrschaft befreit haben. In der 1. Person

Plural (vgl. V. 12f. 48–50, 61) schließt er sich dem Anschein nach voller Dankbarkeit der Gruppe der Sieger an. Er unterstütze sogar den Bau des Hermannsdenkmals bei Detmold finanziell.

Ironiesignale

Dass er das jedoch nicht ernst meint, zeigt sich an den nationalistischen Phrasen, in die er mit übertriebener Freude einstimmt, an der Überhöhung des Deutschen, die durch Wiederholungen und einen Parallelismus erfolgt (vgl. V. 48f.) und die er an anderen Stellen ablehnt (vgl. XXIV/V. 77–84 und das Vorwort zum Separatdruck[1]), und an der Bezeichnung von Hermanns Kriegern als „blonden Horden", die „in diesem Drecke" siegten (V. 8–10). Diesen durchfährt die Kutsche gerade, aber er lässt sich im übertragenen Sinn als Nährboden der „deutsche[n] Nationalität" verstehen. Wenn der Erzähler den preußischen Geschichtsprofessor Raumer einen „deutsche[n] Lump[en]" (V. 25) und „Vater Jahn" einen „grobe[n] Bettler" (V. 29) nennt sowie bei der Schriftstellerin Birch-Pfeiffer (1800–1868) das derbe Verb „saufen" gebraucht (vgl. V. 21), so unterstreicht die Sprache, dass sich das Kapitel gegen Repräsentanten Preußens und des Nationalismus richtet. Diese Personen wirken im Umfeld der römischen Kultur, die der deutsch-nationalen weit überlegen ist, lächerlich. Zu Heines Lebzeiten sahen die deutschen Patrioten, zu denen sich ab 1840 auch der neue preußische König Friedrich Wilhelm IV. gesellte, das napoleonische Frankreich in der Rolle der Römer. Dessen Fremdherrschaft über Deutschland habe mit der Völkerschlacht bei Leipzig 1813 ihr Ende gefunden. Deshalb wurde dieser Sieg neben den Hermanns im Teutoburger Wald gestellt. Heine, der sich in Paris wohlfühlte, die französische Lebensweise liebte und Napoleon Freiheiten verdankte, waren derartige Vorstellungen unerträglich.

Sprachliche Angriffe

Frankreich in der Rolle der Römer

[1] Siehe S. 123, Z. 9–S. 124, Z. 26 in der Textausgabe.

Defektes Rad um Mitternacht

Caput XII: Mitten in der Nacht muss der Kutscher wegen eines Radschadens Hilfe holen und den Fahrgast allein im Wald zurücklassen. Das „Geheule" (V. 8), das dieser vernimmt, führt er auf hungrige Wölfe in seiner Nähe zurück, deren funkelnde Augen er zu sehen glaubt. Sie jagen ihm aber keine Angst ein. Vielmehr tut er so, als hätten sich die „Bestien" (V. 14) zu seinen Ehren festlich versammelt, und in diesem Rahmen hält er eine Ansprache an die „Mitwölfe" (V. 21, 33). Durch diese Anrede erklärt sich der Erzähler zu einem der ihren. Es scheint, als ob er sich den „deutschen Revolutionäre[n]" zugehörig fühle, die mit den Raubtieren gemeint sind.[1] Körperhaltung und Gebärden unterstreichen, was er sagt (vgl. V. 19f.), und weisen ihn als geübten Redner aus. In superlativischen Formeln (vgl. V. 26, 28) preist er das Glück der Begegnung sowie die Liebe und den Edelmut seiner Zuhörer. Er bedankt sich für das Vertrauen, das sie ihm entgegengebracht hätten, und lobt, dass sie nicht auf Vorwürfe hereingefallen seien, er stehe in Diensten der Fürsten und überwache das Volk. Solche Unterstellungen veranschaulicht er durch Hunde und Schafe sowie den Titel des Hofrats. Mit dem wiederholten Satz „Ich bin ein Wolf" (V. 47, 49) bekennt er sich dagegen vehement zu seiner wahren Gesinnung, wie es scheint. Wenn er diese verborgen und sich in ein Schafsfell gehüllt habe, so sei es um der Wärme willen, menschlicher Grundbedürfnisse also, geschehen. Diese Bemerkung könnte darauf hinweisen, dass Heine in wohlhabenden Kreisen von Paris ein gern gesehener Gast war.

Rede an die versammelten „Mitwölfe"

Glücksgefühle, Dank und Lob

Rechtfertigung und Bekenntnis

Zweideutigkeit, Ironie und Spott

Das revolutionäre Bekenntnis des Redners endet jedoch mit einer zweideutigen Redewendung: „Ich […] werde stets/Auch heulen mit den Wölfen" (V. 49f.). Im wortwörtlichen Sinn schließt sich der Erzähler den wilden Tieren an, die sprichwörtliche Bedeutung jedoch besagt das Gegen-

[1] DHA 4, S. 1124.

teil und bringt die Anpassungs- und Wandlungsfähigkeit zum Ausdruck. Und die Solidaritätsbekundung „Ja, zählt auf mich" setzt er mit einem Aufruf fort, der im Widerspruch zu ihr steht: „und helft euch selbst,/Dann wird auch Gott euch helfen!" (V. 51 f.). Dadurch gerät die gesamte emotionsgeladene Bekenntnisrede ins Zwielicht. Sie stellt sich als Persiflage[1] auf politische Reden und Schriften heraus, die starre Positionen mit Leidenschaft vertreten und die sprachlichen und nonverbalen Mittel skrupellos für ihre Absichten in Anspruch nehmen. Die Ausgangssituation bereitet auf den satirischen Charakter der Ansprache vor, den die Nachbemerkung zur unvollständigen, weil zensierten Veröffentlichung unterstreicht (vgl. V. 55 f.).

Fest- und politische Rede

Der Erzähler hält seine Rede spontan (vgl. V. 19, 53 f.) anlässlich eines eingebildeten Festes (vgl. V. 14–20). Von Anfang an dient sie jedoch ebenso der Bekräftigung, dass er die Gesinnung der Zuhörer teile, wie der Rechtfertigung. Indem sich der Redner selbst in den Mittelpunkt stellt, gängige Formulierungen verwendet, übertreibt und sich am Ende in Widersprüche verwickelt, entzieht er seinen Worten ihre Ernsthaftigkeit.

Starre Grundsätze und freies Denken

Heine stellt damit nicht nur routinierte Volksredner und Verfasser politischer Schriften bloß, die ihre Überzeugungen als einzig mögliche vertreten, sondern gibt darüber hinaus zu erkennen, dass ihm diese gedankliche Enge fremd ist. Als später in Hamburg die Mutter auf die Politik zu sprechen kommt und den Sohn fragt, zu welcher Partei er mit Überzeugung gehöre, weicht er aus und lobt die leckeren Orangen (vgl. XX/V. 50–56). Der Dichter hielt wenig von unumstößlichen Grundsätzen, sondern liebte das freie, unabhängige Denken.

---

[1] kunstvoll-geistreiche Verspottung durch übertriebene Nachahmung von Absicht und Stil

Caput XIII: In der Nähe von Paderborn[1]

Gedanken über den Kreislauf der Sonne

Am Morgen macht sich der Reisende beim Aufgang der Sonne Gedanken über den Himmelskörper, den er sich als sinn- und erfolglos handelnde Person vorstellt. „Mit sehr verdrossner Gebärde" verrichte er „ein verdrießlich Geschäft" (V. 2f.): Während er nämlich die eine Hälfte der „dumme[n] Erde" (V. 4) erhelle, verdunkele sich die andere. Sein Tun gleiche dem des Sisyphus in der griechischen Mythologie, dessen Felsbrocken, den er einen Berg hinaufwälzt, kurz vor dem Gipfel wieder hinunterrollt, oder dem der Töchter des Danaos, die Wasser in ein löchriges Fass füllten.

Desillusionierung nach der Aufklärung

Da der Sonnenaufgang den optimistischen Fortschrittsglauben im Zeitalter der Aufklärung symbolisiert, steht die pessimistische und desillusionierte Betrachtung des Erzählers im Gegensatz zu dieser Epoche und ihren Hoffnungen. Beim ewigen Wechsel von Licht und Nacht kann sich die Vernunft nicht dauerhaft durchsetzen, sodass die Erde „dumm" bleibt.

Der Erzähler sieht in der Nähe von Paderborn ein Kruzifix (Zeichnung von Hans Traxler)

Der gekreuzigte Jesus als „armer Vetter"

Als die Kutsche an einem Kruzifix vorüberfährt, spricht der Reisende den gekreuzigten Christus nicht ehrfürchtig als Gottes Sohn an, sondern wehmütig als sei-

[1] Bei der Reihenfolge der Reisestationen muss sich Heine geirrt haben, denn auf dem Weg von Unna nach Minden kommt Paderborn vor dem Teutoburger Wald (vgl. die Landkarte auf S. 112f.).

nesgleichen mit „mein armer Vetter" (V. 18). Das zielt weniger auf die gemeinsame jüdische Herkunft als auf ein ähnliches Anliegen. Denn wenn der Erzähler Jesus einen „Narr[en]" (V. 20) nennt, der „die Welt erlösen gewollt", an dem mächtigen „hohen Rate" aber gescheitert ist, dann meint er damit auch sich selbst und alle anderen „Menschheitsretter" (V. 19–24). Sein Bedauern über den Gekreuzigten verbindet er mit ironischen Ratschlägen für ein vorsichtigeres Verhalten, in die eigene Erfahrungen des Dichters einfließen. Jesus hätte Kirche und Staat nicht schonungslos kritisieren sollen, die radikalen Seligpreisungen und Gebote in der Bergpredigt[1] mildern können sowie Händler und Geldwechsler nicht mit Gewalt aus dem Tempel vertreiben müssen[2]. Wären gedruckte Bücher damals schon bekannt gewesen, hätte er eines über „Himmelsfragen" (V. 28) verfassen können, um Themen, die auf der Erde Anstoß erregen, zu umgehen. Dennoch vorhandene unerlaubte Stellen hätte der Zensor gestrichen und ihn dadurch vor der Kreuzigung bewahrt. Der Schlusssatz geht von diesen nicht ernst gemeinten Möglichkeiten wieder zur Realität über, in welcher der „[u]nglückliche[ ] Schwärmer […]/Als warnendes Exempel" diene (V. 39f.).

Ironische Ratschläge für ein vorsichtigeres Verhalten

So wenig wie die aufgehende Sonne Erwartungen auf bessere, aufgeklärte Zeiten weckt, gibt der gekreuzigte Jesus dem Erzähler Anlass zu Hoffnung auf Auferstehung und ein Leben nach dem Tod. Der Dichter denkt nicht an die religiöse, überirdische Dimension des Religionsstifters, sondern an dessen diesseitiges Wirken als Prediger, der soziale und politische Missstände anprangert. Das Ende des Retters der Welt und der Menschen stimmt ihn ebenso pessimistisch wie der Kreislauf der Sonne, der ein Gegenbild zum Fortschrittsglauben in der Aufklärung darstellt. In der

Pessimistische Stimmung des Dichters

[1] Vgl. Matthäus 5–7.
[2] Vgl. Markus 11,15–17.

„Geschichte der Religion und Philosophie in Deutschland" formuliert Heine seine Einsicht kurz und prägnant: „Überall, wo ein großer Geist seinen Gedanken ausspricht, ist Golgatha".[1] Sie deckt sich mit Fausts Überzeugung, die er in Goethes Tragödie Wagner erläutert: „Die wenigen, die was davon erkannt,/Die töricht gnug ihr volles Herz nicht wahrten,/Dem Pöbel ihr Gefühl, ihr Schauen offenbarten,/ Hat man von je gekreuzigt und verbrannt." (V. 590–593).

Ähnliche düstere Sichtweise von Goethes Faustfigur

Diesen düsteren Einschätzungen steht aber im Eingangs- und Schlusskapitel die optimistische Prognose gegenüber, dass ein neues, besseres Lied dazu beiträgt, Wohlstand und Freiheit zu verbreiten (vgl. I/V. 33–76), und künftige Generationen „[m]it freien Gedanken, mit freier Lust" die Empfindungen des Dichters teilen (XXVII/V. 11–16).

Optimistische Überzeugungen im Eingangs- und Schlusskapitel

Caput XIV–XVII: Unterwegs in der Postkutsche und Traumbesuch bei Kaiser Barbarossa

Caput XIV: Trotz der vorausgehenden Symbole der Hoffnungslosigkeit, des unangenehmen Wetters und trostloser Landschaften muntert der „Schlussreim" eines „alten Lieds" (V. 5) aus Kindertagen den Fahrgast auf. Es handelt vom Mord an einer Frau namens Otilie. Den Täter, der danach „in Lust und Freude [lebt']" (V. 10), klagt die Sonne vor einem heimlichen Femegericht an, das bei einem schweren Verbrechen an die Stelle der staatlichen Gerichtsbarkeit treten konnte. Diese Richter, freie und unbescholtene Männer, verurteilen und henken den Mörder. Die Sterbende hatte die Sonne mit den Worten angerufen, die dem Reisenden jetzt als ein mehrfach wiederholtes Leitmotiv in den Sinn kommen: „Sonne, du klagende Flamme!" (V. 4, 7, 16, 20) Davon ausgehend, erzählt er die Geschichte, indem er ihren Verlauf umkehrt. Die Sonne spielt in diesem Kapitel eine ganz andere Rolle als in dem vorausgehenden:

Aufmunternder Vers aus einem Volkslied ...

... über die Bestrafung eines Mörders

Klage und Aufklärung durch die Sonne

[1] DHA 8/1, S. 54. Golgatha ist der Ort, an dem Jesus gekreuzigt wurde.

Während sie dort missmutig ihre vergebliche Arbeit verrichtet, klärt sie hier ein Verbrechen auf. In dem Schrei des Opfers kommt die Doppeldeutigkeit des Verbs „klagen" zum Tragen: „[D]as ‚Klagen' in einem leidenden, passiven Sinne [...] wird [...] ins Aktive gewendet, in die Bedeutung von ‚Anklagen'".[1] Der Name der Frau erweitert den Bedeutungsraum des Lieds über den Mord hinaus: Denn die heilige Otilie/Odilie wurde blind geboren und bei ihrer Taufe sehend. Sie symbolisiert also die Epoche der Aufklärung.

Das Lied erinnert den Dichter an seine alte Kinderfrau, von der er es gehört habe. Sie habe viele Geschichten gekannt, die im Volk weitererzählt worden seien (vgl. V. 26–28). Voller Spannung und Mitgefühl (vgl. V. 29) habe er als Knabe das Märchen von der Gänsemagd[2] vernommen, die eigentlich eine Königstochter ist. Sie soll den Sohn eines anderen Königshauses heiraten, doch auf dem Weg dorthin wird sie von ihrer Kammerjungfer gezwungen, die Identitäten zu tauschen. Wo jene Königin sein sollte, muss sie als Gänsemagd arbeiten. Ihr sprechendes Pferd, welches das Unrecht entlarven könnte, wird getötet und der Kopf ans Stadttor genagelt. Wenn die Magd abends die Gänse nach Hause treibt, findet das traurige Zwiegespräch mit dem Pferdekopf statt, auf das sich der Erzähler konzentriert. Dass der alte König den Betrug aufdeckt und die Kammerjungfer bestraft, setzt er ebenso voraus wie die Vorgeschichte.

Ausschnitt aus dem Märchen von der Gänsemagd

Den Höhepunkt in der Reihe der Geschichten bildet die Sage von dem mittelalterlichen Stauferkaiser Barbarossa (um 1122–1190), der nicht gestorben sei, sondern sich mit seinen Soldaten ins Innere des Kyffhäuserbergs im Südosten des Harzes zurückgezogen habe. Ausführlicher als vorher

Barbarossa-Sage als Höhepunkt

---

[1] Hans Kaufmann: Politisches Gedicht und klassische Dichtung. Heinrich Heine: Deutschland. Ein Wintermärchen. Berlin: Aufbau-Verlag 1959, S. 175.

[2] Siehe S. 129–131 in der Textausgabe.

Beschreibung der Säle im Kyffhäuserberg

gibt der Dichter wieder, was die alte Frau „ernster und leiser" (V. 50) berichtete: Im ersten der von Hängelampen erleuchteten Säle stehen Tausende von Pferden bewegungslos, aber zum Reiten fertig gerichtet (V. 61–68). Im zweiten Saal schlafen ebenso viele (vgl. V. 63, 71) kampfbereite, tapfere Krieger. Im dritten sind Waffen und Rüstungen gelagert und die Kanonen krönt eine schwarz-rot-goldene Fahne. Dieses Symbol einer geeinten und freien deutschen Nation deutet in dieser Umgebung an, dass die Verfechter dieser Idee Barbarossa und sein Reich als Vorbild betrachteten. Im vierten Saal schließlich sitzt der Kaiser mit langem, rotem Bart in Denkerpose (vgl. V. 88) „[a]uf steinernem Stuhl, am steinernen Tisch" (V. 87). Er ist der Einzige, dessen Gesicht sich manchmal leicht bewegt: „Zuweilen zwinkert er mit dem Aug,/ Zieht manchmal die Braunen[1] zusammen." Es bleibt aber offen, ob er schläft oder nachdenkt (V. 91–94). Gewissheit besteht dagegen darin, dass er zur „rechte[n] Stunde" (V. 95) die Fahne ergreift, mit seinen Reitern aufbricht und diejenigen bestraft, die Deutschland zugrunde gerichtet haben. Er rächt eine politische Untat wie die Femerichter in dem Lied am Anfang des Kapitels eine persönliche. In beiden Geschichten ist von Mördern die Rede (vgl. V. 9, 13, 18, 108f.), die Frauen – Otilie und „[d]ie teure, wundersame,/Goldlockigte Jungfrau Germania" (V. 110f.) als perso-

Reiterstandbild des Stauferkaisers Friedrich Barbarossa aus dem Jahr 1900 vor der Kaiserpfalz in Goslar

Symbolik der schwarz-rot-goldenen Fahne

Der Kaiser in Denkerpose

Bestrafung von Deutschlands Mördern

[1] Augenbrauen

nifiziertes Deutschland – heimtückisch umgebracht haben und sich sicher fühlen (vgl. V. 10, 113f.). Auch die Gänsemagd erleidet Unrecht, das gesühnt wird, sodass die drei Gattungen der Volksliteratur – liedhafte Ballade, Märchen, Sage – ein gemeinsames inhaltliches Zentrum haben. Ihre Zauber- und Verführungskraft erfährt der Erzähler in der letzten Strophe noch einmal. Jauchzend klingt in seinem Herzen das Leitmotiv des Eingangslieds des Caputs erneut auf, das vorher schon im Kontext der Barbarossa-Sage wiedergekehrt ist (vgl. V. 112): „Sonne, du klagende Flamme!" (V. 120) Mit dem Attribut „abergläubisch[ ]" (V. 119) gibt er jedoch zu erkennen, dass diese Empfindungen in die Irre führen und ihnen die reale Substanz fehlt. Damit zerschlagen sich auch die Hoffnungen auf das „strenge[ ] Gericht" Barbarossas (V. 107), dessen mythisches Bild in den folgenden Kapiteln zerfällt.

Zauber- und Verführungskraft der Volksliteratur

Das Lied über den Mörder Otilies und das Grimm'sche Märchen von der Gänsemagd bereiten die Barbarossa-Sage vor, die ihrerseits nachträglich den Interpretationsansatz für jene liefert. Was mit den Frauengestalten geschieht, ist ein Sinnbild für den jämmerlichen Zustand Deutschlands nach dem Wiener Kongress[1], den das „Wintermärchen" beklagt. Auf Barbarossa konzentriert sich die Sehnsucht, jenen zu überwinden. Dem wiederkehrenden „Schlussreim des alten Lieds" (V. 4–8) kommt in diesem Zusammenhang besondere Bedeutung zu: „[D]ie Sonne fungiert, wie oft bei Heine, als Revolutions- und Freiheitssymbol"[2] (vgl. VIII/V. 17–32). Sie beendet das Unrecht, das dem Volk, das die drei Frauen verkörpern, durch die nach 1815 wieder hergestellten alten Machtstrukturen widerfährt. Gerechtigkeit und Freiheit können sich aber nur im Verborgenen durchsetzen: Die geheime Feme be-

Funktionaler Zusammenhang der drei Geschichten

Sonne als Revolutions- und Freiheitssymbol

Gerechtigkeit und Freiheit im Verborgenen

[1] Siehe die historischen Hintergründe auf S. 96f.

[2] DHA 4, S. 1131 (Anm. zu S. 119, 4–120).

fasste sich bloß mit solchen Fällen, in denen die regulären Gerichte Täter nicht bestraften, und der „heimliche[ ] Kaiser" wartet im Inneren des Bergs noch immer auf die „rechte Stunde" (V. 52, 95).

Übereinstimmende Hoffnungen von Erzähler und Volk

In den Dichtungen des Volks lebt der Wille fort, frei und glücklich zu leben, den auch der Erzähler mit seinem Lied im ersten Kapitel bekundet (vgl. I/V. 33–68). Dort schmuggelt er diese Verse wie andere geistige Waren in Caput II noch allein nach Deutschland, während er jetzt seine eigene Hoffnung mit der vieler Menschen teilt.[1] Form und Inhalt der im Volk verwurzelten Literatur, die sich dem Reisenden auf der Fahrt unwillkürlich aufdrängen, schätzte der Verfasser der Verserzählung als poetischen Wesenszug seines Vaterlands und als Inspiration für sein eigenes Werk außerordentlich.

Traumbegegnung mit Barbarossa

Gegensatz von Sagen- und Traumgestalt

Säubern von Schwertern, Rüstungen und Fahne

Caput XV: Bei eiskaltem Regen, unter dem die Kutschenpferde leiden, und den Abschiedsklängen des Posthorns schläft der Erzähler ein und träumt von einer Begegnung mit Barbarossa „in dem Wunderberg" (V. 11). Der Kaiser gibt jedoch ein völlig anderes Bild ab als in der Sage: Ein alter Mann „watschelt[ ] durch die Säle" (V. 17f., vgl. V. 36), plaudert vertraulich mit dem Besucher und zeigt ihm Waffen, Soldaten und Pferde in umgekehrter Reihenfolge wie im vorausgehenden Kapitel. Diese Veränderung unterstreicht den Gegensatz zwischen der Sagen- und der Traumgestalt. Barbarossa erklärt dem Gast den Gebrauch der Gewehre, die es im Mittelalter noch gar nicht gab, und reinigt Schwerter, Rüstungen und Fahne mit Hermelin[2] und Pfauenwedel, den Zeichen seiner Kaiserwürde. Mit

[1] Vgl. Karlheinz Fingerhut: Heinrich Heine: Deutschland. Ein Wintermärchen. Frankfurt am Main: Diesterweg (Grundlagen und Gedanken zum Verständnis erzählender Literatur) 1992, S. 64.

[2] Das wertvolle weiße Winterfell des Hermelins, das zur Familie der Marder gehört, symbolisierte im Mittelalter Reinheit und Unschuld und zierte die Kleidung des Adels.

„größte[m] Stolz“ (V. 30) erfüllt ihn, dass Motten und Holzwürmer seine Fahne bisher verschont haben. Im Saal der Krieger verlangt er, leise zu sein, damit sie nicht aufwachen, und gibt ihnen ihren geringen Lohn. Im nächsten Raum zählt er die Pferde, über die er sich freut, und stellt fest, dass er noch nicht genügend habe. Sorgfalt, Dauer und Gleichförmigkeit der Prozedur zeigen sich in der Wiederholung des Verbs „zählen“ und den vielen Umlauten, insbesondere des „ä“ (vgl. V. 53–56). Er habe, so der Kaiser weiter, Pferdehändler beauftragt, die besten Rösser zu kaufen, und wenn „die Zahl komplett“ (V. 65) sei, wolle er Deutschland befreien. Er benimmt sich wie ein Kaufmann, der Waren erwirbt und präsentiert, und damit wie Geschäftsleute, die nach der Julirevolution 1831 Gesellschaft und Politik in Frankreich zur Zeit des Bürgerkönigtums maßgeblich bestimmten.[1] Als ihn der Besucher temperamentvoll auffordert, mit der Befreiung nicht länger zu warten und fehlende Pferde durch Esel zu ersetzen, womit er die Dringlichkeit des Anliegens unterstreicht und gleichzeitig witzig kritisiert, reagiert Barbarossa abwartend: Um seine Einstellung zu bekräftigen, zitiert er Sprichworte (vgl. V. 73–80).

Besoldung der schlafenden Soldaten

Sorgfältiges Zählen der Pferde

Wesenzüge eines Kaufmanns

Zurückhaltung bei der Befreiung Deutschlands

Mit seiner Gemächlichkeit und der Fixierung auf die Anzahl der Pferde zögert der Kaiser den Aufruf zum Kampf hinaus (vgl. XIV/V. 97–100) und verkennt die Notwendigkeit seines sofortigen Eingreifens. Den Zeitpunkt der Befreiungsaktion legt er nicht aufgrund der politischen Zustände fest, sondern in Abhängigkeit von kaufmännischem Geschick. Die fristgerechte Besoldung der Soldaten, bei der er sie nicht einmal weckt, liegt ihm mehr am Herzen als ihre Einsatzbereitschaft. Es sieht so aus, als sollten sie noch Jahrhunderte weiterschlafen. Im Waffen-, Rüstungs- und Fahnensaal betätigt er sich sogar als Reinigungskraft. Er ist nicht auf Siege stolz, sondern auf die Unversehrtheit der Fahne. Bar-

Sauberkeit, Besoldung und Pferdekauf statt Aufruf zum Kampf

[1] Siehe die historischen Hintergründe auf S. 98.

Enttäuschte Erwartungen

barossa enttäuscht alle Erwartungen, die das Volk in der Sage auf ihn setzt. Er ist in seinem eigenen Mythos gefangen, gealtert und erstarrt und hat die Verbindung zur äußeren Welt und zur Gegenwart des Erzählers verloren.

Fragen Barbarossas nach Personen in der „Oberwelt"

Unkenntnis des Kaisers über das Geschehen der letzten 100 Jahre

Caput XVI: Nachdem die rumpelnde Kutsche auf schlechtem Weg den Traum kurz unterbrochen hat, setzt der Kaiser das Gespräch mit Fragen nach Personen in der „Oberwelt" fort (vgl. V. 9–16). Was dort im vergangenen Jahrhundert geschehen ist, hat Barbarossa, wie der Gast verwundert (vgl. V. 17) bemerkt, nicht mehr mitbekommen. Das Wissen des Alten endet mit dem preußischen König Friedrich dem Großen (1712–1786), der zwischen 1756 und 1763 mit Österreich einen Krieg um Schlesien führte und den die Dichterin Anna Luise Karsch (1722–1791) in ihrer Lyrik verherrlichte. Der Besucher klärt den Kaiser auf, dass die Personen, nach denen er fragte, längst tot seien und die Lebenden bereits der übernächsten Generation angehörten (vgl. V. 18–22, 27f.). Der Enkel des jüdischen Philosophen Moses Mendelssohn (1729–1786), der Komponist Felix Mendelssohn-Bartholdy (1809–1847), dessen Eltern zum Christentum konvertiert sind, leite berühmte Orchester (vgl. V. 23f.). Gräfin Dubarry (1743–1793), die Geliebte des französischen Königs Ludwig XV. (1710–1774), sei lange nach dessen natürlichem Tod in den Jahren der Revolution „guillotiniert[ ]" (V. 32, 35, 40) worden, als sie schon alt war. Das gleiche Schicksal habe auch Ludwig XVI. (1754–1793) und seine Gattin Marie Antoinette (1755–1793) ereilt, die im Gegensatz zu der Mätresse mit königlichem Heldenmut gestorben sei (vgl. V. 37–40). Als der Kaiser konsterniert wissen will, was das Verb „guillotinieren" bedeutet, und sein Gast ihm die Funktion des Fallbeils erklärt (vgl. V. 41–60), unterbricht er diesen schroff und fordert ihn auf zu schweigen. Er lehnt eine solche Tötungsmaschine empört ab und entrüstet sich noch stärker darüber, dass ein Königspaar auf

Hinrichtungen unter der Guillotine

Empörte Ablehnung der Tötungsmaschine durch den Kaiser

Hinrichtung der französischen Königin Marie Antoinette am 16. Oktober 1793 (Ausschnitt)

diese Art und Weise respektlos hingerichtet worden sei (vgl. V. 61–68). Sein Groll richtet sich schließlich gegen den Besucher, der seine Fragen beantwortet und ihn dadurch mit der veränderten Welt konfrontiert. Mit einer rhetorischen Frage verbittet er sich dessen vertrauliches Duzen (vgl. V. 69f.). Das Personalpronomen in der 2. Person Singular, in der Beschreibung verallgemeinernd im Sinne von „man" gebraucht (vgl. V. 53f., 59), bezieht Barbarossa nämlich auf sich persönlich und versteht den Gast deshalb so, als ob er von der Hinrichtung des Kaisers spreche. Dieser will solchen Vorwitz nicht dulden, bedroht den Besucher und beschuldigt ihn erbost, schon am Atem als Hochverräter erkennbar zu sein. Er steigert sich immer weiter in seine Wut hinein, die sich in Ausrufen, Ellipsen und Fragesätzen äußert.

Wütende Zurechtweisung des Besuchers

Der Angegriffene gibt nun ebenfalls jede Zurückhaltung auf. Zornig entlarvt er den mittelalterlichen Kaiser als „altes Fabelwesen" (V. 82), das für die Befreiung und Einigung Deutschlands nicht mehr gebraucht werde. Die Anhänger einer künftigen Republik hätten nur Spott für eine monarchische Staatsform übrig, die nicht mehr zeitgemäß sei. Auch die schwarz-rot-goldene Fahne Barbarossas missfällt dem Besucher, weil mit diesen Farben, so Heine im Vorwort zum Einzeldruck, einem Nationalismus gehuldigt werde, der Frankreich feindlich gesinnt sei.[1]

Zornige Erwiderung und Bloßstellung des Kaisers als „Fabelwesen"

[1] Siehe S. 123, Z. 15–19 in der Textausgabe.

Der Kyffhäuser als Totenreich

Wenn der Erzähler den Kaiser für überflüssig erklärt und ihm rät, in der Unterwelt des „alten Kyffhäuser" zu bleiben (V. 94), spricht er im übertragenen Sinn ein Todesurteil, dessen Vollzug er vorher schon durch das Duzen zweideutig mit Barbarossa in Verbindung gebracht hat (vgl. V. 53–60). Unter diesem Gesichtspunkt besucht der Reisende im Traum ein Totenreich, wie es etwa der Dichter Dante (1265–1321) in der „Göttlichen Komödie" beschreibt[1], auf die sich der Dichter am Ende des „Wintermärchens" beruft (vgl. XXVII/V. 81–84). Der geschwätzige, einfältige und zögerliche Kaiser im Greisenalter, der den in der Sage auf ihn projizierten Hoffnungen in keiner Weise entspricht, erweist sich in diesem Kapitel zwar als neugierig, aber seine Aufmerksamkeit gilt Personen, nicht den politischen Verhältnissen in Deutschland. Von der Französischen Revolution, dem wichtigsten geschichtlichen Ereignis der Neuzeit, das den Monarchen die Macht entriss und der Nation übertrug, hat er nichts gehört. Diese Wissenslücke schließt der Besucher auch nicht. Die Gründe für die Hinrichtungen interessieren Barbarossa nicht; stattdessen regen ihn Verletzungen der Ehre und Verstöße gegen die höfischen Regeln auf (vgl. V. 65–68). Mit seinem Wutausbruch, der einen Unschuldigen trifft, verhält er sich nicht weise und souverän, wie es seinem Alter und seinem Stand entspräche, sondern er überlässt sich unbeherrscht seinen Emotionen. Damit disqualifiziert er sich als Führungsfigur, die in der Sage richtet und rächt, angetrieben vom Zorn auf die Mörder Germanias (vgl. XIV/V. 97–116). Mit dem Zerfall des Heldenbildes verändern sich die Mitteilungsformen von der Sage über Traumszenen bis zu einem appellativen Monolog des Erzählers in Caput XVII. Die Re-

Kontrast zu den in Barbarossa gesetzten Hoffnungen

Die Französische Revolution als unbekanntes Ereignis

Disqualifizierung als Heldenfigur

[1] In seinem Hauptwerk schildert der italienische Dichter im Mittelalter eine Vision, in der er unter Führung des römischen Dichters Vergil (70–19 v. Chr.) durch die Hölle über den Läuterungsberg ins Paradies gelangt. Dort trifft er auf Beatrice, seine verstorbene Geliebte.

deanteile verlagern sich dabei zunehmend von Barbarossa auf den Besucher, und Meinungsverschiedenheiten steigern sich bis zum Zerwürfnis.

Verlagerung des Streits zwischen Fürsten und Bürgern in die Träume

Caput XVII: Als der Reisende in der fahrenden Postkutsche erwacht und in die „nackte[ ] hölzerne[ ] Wirklichkeit" (V. 11) des Waldes und der politischen Missstände zurückkehrt, wird ihm bewusst, dass sich Deutsche nur im Traum gegen ihre Fürsten auflehnen. Die Bewegungen der Baumzweige versteht er als Mahnung, diesen Grundsatz zu beachten. Deshalb bittet er Barbarossa, dem er im Gegensatz zur eigenen Ungeduld nun Weisheit zuschreibt (V. 18f.), um Vergebung und Rückkehr (vgl. V. 16f., 20, 48). Der Kaiser solle das im Mittelalter entstandene und 1806 endgültig untergegangene, nach Ständen gegliederte „alte Heil'ge Römische Reich" deutscher Nation wieder errichten, das sich eigentlich überlebt hat und von dem der Erzähler nicht viel hält (V. 33–36). Der Herrscher könne auf das damals geltende, inzwischen überholte Strafrecht zurückgreifen und Todesurteile wieder auf unterschiedliche Art und Weise vollstrecken lassen, wie es im Feudalstaat die Standeszugehörigkeit verlangte. So vermeide er das Guillotinieren, das großen Widerwillen in ihm erregt hat (vgl. XVI/V. 61–68) und das in der Französischen Revolution ein makabrer Ausdruck der Gleichheit war. Das Egalitätsprinzip könne er dadurch wahren, dass er die durch den Stand festgelegte Todesart „manchmal" (V. 25) vertausche und Bauern mit dem Schwert, Adlige aber durch den Strang hingerichtet würden.

Bitte an den Kaiser um Vergebung und Rückkehr

Restauration der Ständeordnung und des überholten Strafrechts

Gelegentliche Beachtung des Gleichheitsprinzips

Obwohl dem Erzähler die Zukunft und nicht die Vergangenheit am Herzen liegt und er sich für die Freiheit und den Wohlstand aller Menschen einsetzt, will er den mittelalterlichen Kaiser und sein Reich ertragen, um die preußische Vormacht loszuwerden (vgl. V. 37–40). Damit stellt er dessen ursprüngliche Aufgabe in den Dienst eines neuen,

Befreiung von Preußen durch Barbarossa

konkreten Ziels in der Gegenwart. Das „alte Heil'ge Römische Reich" (V. 33) mit Barbarossa an der Spitze sei wenigstens authentisch gewesen, das preußische dagegen ein undefinierbares Lügengebilde aus mittelalterlicher Gotik und Moderne (vgl. V. 41–44 und III/V. 37–52). Er nennt die Preußen „Komödiantenpack" (V. 45), das der Kaiser vertreiben solle. Die Schauspielermetapher zieht die Aufforderung nach sich, die Theater zu schließen, die das Mittelalter verfälschend in Szene setzen.

Rücknahme der im Traum gewonnenen Einsichten

In dem Kapitel nimmt der Erzähler die im Traum gewonnenen Einsichten zurück. Er verfolgt zwar liberale und soziale Ideen, aber seine Abneigung gegen Preußen ist so groß, dass ihm ein Kaiser mittelalterlichen Zuschnitts als das kleinere Übel erscheint. Wenn der Dichter damit die alte Feudalordnung insgesamt heraufbeschwört, übertreibt er, um Barbarossa zur Rückkehr zu bewegen und dessen größten Vorbehalt, „das Guillotinieren" (V. 21), auszuräumen. Zynisch versucht er, einen Rest revolutionärer Gleichheit zu retten, indem die festgelegte, nach Ständen unterschiedene Form von Hinrichtungen durchbrochen wird (vgl. V. 25–29). Politisch zeichnen sich mit dem mehrfachen Wunsch, der Kaiser möge bald kommen (vgl. V. 20, 48), die Umrisse einer konstitutionellen[1] Monarchie ab, die aus dem widersprüchlichen Barbarossa-Bild entstehen. Heine war dem „Konzept eines Volkskaisertums, wie es in seiner Verehrung der beiden Kaiser Napoleon I. und III. zum Ausdruck kommt"[2], nicht abgeneigt.

Umrisse einer konstitutionellen Monarchie

---

1 an eine Verfassung gebundenen
2 DHA 4, S. 1129.

Die Barbarossa-Kapitel XIV – XVII

	Form	Inhalt
XIV	Sage	• Beschreibung der Säle der nationalen Retterfigur im Kyffhäuser
XV	Traumszene	• Waffen, Soldaten und Pferde als Selbstzweck bei der Führung durch die Säle • Meinungsverschiedenheit über den Zeitpunkt des Befreiungskampfes
XVI	Traumszene	• Fragen und Antworten zu Personen, die längst tot sind • Zerwürfnis zwischen Barbarossa und dem Besucher
XVII	appellativer Monolog	• Reue und Hoffnung des Reisenden auf Befreiung von Preußen durch den Kaiser

Caput XVIII: Minden

In der Anfangsstrophe charakterisiert der Reisende Minden, wo er abends ankommt, durch die ersten Verse von Luthers Reformationslied: „Ein feste Burg ist unser Gott,/ ein gute Wehr und Waffen“ (vgl. V. 1 f.). Die Festung befreit aber nicht aus Not, wie es in dem Choral unter Bezug auf den allmächtigen Schöpfer weiter heißt, sondern die preußische Wehranlage löst Beklemmung und Abwehrreflexe aus. Mauern, Gräben und Zugbrücke empfangen den Erzähler mit personifizierten Ausdrucksformen unfreundlich und „drohend“ (V. 6 – 10). Das für die Einfahrt der Kutsche „rasselnd“ geöffnete und wieder verschlossene Stadttor wirkt wie der Eingang eines Gefängnisses (vgl. V. 11 f.). Deshalb vergleicht der Dichter seine Gefühle mit denen von Odysseus, der mit seinen Gefährten von dem einäugigen Riesen Polyphem in einer Höhle eingesperrt wurde. Als ein Unteroffizier nach dem Namen fragt, narrt ihn der Erzähler mit der Antwort „Niemand“, die den griechischen Sagenhelden rettete, weil sie seine Peiniger verwirrte. Der Befragte fügt hinzu, dass er Augenarzt sei und – im übertragenen Sinn – seine Feinde mit der Wahrheit konfrontiere (vgl. V. 19 f.).

Beklemmung angesichts der preußischen Festung

Vergleich mit dem eingesperrten Odysseus

Appetit- und Schlaflosigkeit

Farben des Bettes – Anspielungen

Unheilvoller „Betthimmelquast“

Steigerung der Ängste zum Albtraum

Schwarzer Geier und preußischer Adler

Im Wirtshaus verstärken sich die Missempfindungen des Gastes. Er hat keinen Appetit und kann in dem ursprünglich prächtigen, aber gealterten Bett (vgl. V. 23–28) nicht einschlafen. Das Rot von dessen Gardinen und das „verblichene[ ] Gold" des Himmels ergeben zusammen mit einem „schmutzigen Quaste" die Nationalfarben, die für ein übersteigertes Nationalgefühl missbraucht werden (vgl. V. 25–28, XIV/V. 83f., XVI/V. 89–92 und das Vorwort zum Einzeldruck[1]). Insbesondere das Fransenbüschel, das eigentlich zur Verzierung gedacht ist, scheint Unheil anzukündigen. Es mutet den Erzähler wie das Schwert an, das an einem Pferdehaar über Damokles[2] hängt, oder wie der Kopf einer Schlange, der ihn schadenfroh als Gefangenen anspricht. Der von Furcht Geplagte sehnt sich nach seinem Zuhause und seiner Gattin in Paris, doch diesem Wunsch steht das Gefühl entgegen, eine „kalte[ ] Zensorhand" raube ihm die Gedanken (V. 41–44). Die Ängste steigern sich zu einem Albtraum, in dem ihn Wächter, die mit Betttüchern für Tote bekleidet sind, wegbringen und an eine Felswand ketten (vgl. V. 45–52). Der „böse schmutzige Betthimmelquast", der Schwarz-Rot-Gold vervollständigt (vgl. V. 25–28), gleicht jetzt einem schwarzen Geier und dem preußischen Adler, der dem Gemarterten die Leber aus dem Leib frisst (vgl. V. 53–60). Die beiden Vögel symbolisieren das Zusammenwirken der ursprünglich oppositionellen Nationalisten mit der preußischen Obrigkeit zum Schaden des Erzählers, das dieser im Vorwort zum Einzeldruck beklagt[3]. Er erleidet als Strafe dieselben Qualen wie Prometheus in der griechischen Mythologie, der mit dem Raub des himmlischen Feuers die Götter verärgert hatte.

---

[1] Siehe S. 123, Z. 15–24 in der Textausgabe.

[2] Dionysos von Syrakus ließ den Höfling Damokles unter einem derart angebrachten Schwert üppig bewirten, um ihn auf die Gefahr im Glück hinzuweisen (vgl. den Begriff Damoklesschwert).

[3] Siehe S. 123, Z. 9–15 in der Textausgabe.

Das Krähen des Hahns, des französischen Wappentiers, erlöst den Dichter aus dem Schreckenstraum. Mit einem nur für ihn bereitgestellten Postwagen verlässt er Minden fluchtartig, um sich außerhalb Preußens[1] „in der freien Natur“ (V. 67) zu erholen.

Flucht aus Preußen

Der Traum konfrontiert den Dichter mit seinen Ängsten vor Verfolgung und Bestrafung in Preußen. Malt er sich in Caput III aus, wie er den preußischen Adler schwächt und das Wappentier bei einem festlichen Schießen getötet wird (vgl. III/V. 61–76), kehrt sich in Minden die Konstellation um. Das Kapitel erlaubt, kurz bevor der Erzähler das rheinländische Preußen verlässt, einen Blick in sein Unterbewusstsein jenseits von Spott- und Angriffslust. Es offenbart die unterschwellige psychische Belastung, seit er die deutsch-französische Grenze überschritten hat.

Befürchtungen von Verfolgung und Bestrafung

Der schreckliche Albtraum unterscheidet sich fundamental von den am Anfang von Caput VII beschriebenen Träumen, in denen die „deutsche Seele“ himmlische, aber unwirkliche Freiheit erlebt (vgl. VII/V. 9–28). Sie werden in weichen Federbetten geträumt (vgl. VII/V. 3f., 9f.), während in dem Mindener Wirtshaus „so schwer die Decken [drückten]“ (V. 24).

Alb- und Freiheitstraum

Die Ängste vor der Macht seiner Widersacher äußern sich bei dem Reisenden in Bildern von Gefangenschaft und Folter. Die Festung Minden kommt ihm wie ein Kerker und das Stadttor wie dessen Eingang vor. Im Traum nehmen ihn gespensterhafte Gendarmen fest, verschleppen ihn und fesseln ihn an die Felswand, wo ihn der Adler quält. Wie sehr der Dichter leidet, veranschaulicht er anhand von Figuren aus der griechischen Antike: Odysseus (vgl. V. 13–16, 19), Damokles (vgl. V. 31f.) und Prometheus (vgl. V. 49–60).

Bilder von Gefangenschaft und Folter

Figuren aus der griechischen Antike

[1] Vgl. die Landkarte auf S. 112f.

Caput XIX: Bückeburg und Hannover

Das Vaterland an den Schuhsohlen

Um einen Eindruck von den aufgeweichten Wegen und seinen mit Erde behafteten Schuhen zu geben, widerspricht der Erzähler der Einstellung Georges Dantons (1759–1794), die dem zunächst radikalen, dann aber kompromissbereiten Anführer der Französischen Revolution zum Verhängnis wurde. Von seinen Freunden zur Flucht gedrängt, soll dieser die Aufforderung mit einer rhetorischen Frage zurückgewiesen haben: „Nimmt man sein Vaterland an den Schuhsohlen mit?" Der Reisende übertreibt den schlechten Zustand der Wege und übt dadurch gleichzeitig Kritik an den kleinen deutschen Fürstentümern, für die Bückeburg ein Beispiel ist (vgl. V. 5–8). Er besucht dort das Geburtshaus seines Großvaters, fährt weiter nach Hannover und macht sich sofort nach der Ankunft zu einer Stadtbesichtigung auf.

Übertreibung und Kritik

Das Haus des Großvaters in Bückeburg

Sauberkeit und Pracht in Hannover

Nach der Fahrt auf lehmigen Wegen fallen ihm in der Residenzstadt die sauberen Gassen und prächtigen Gebäude auf, besonders der Platz vor dem Palast des Königs (vgl. V. 17–24). Der Erzähler lobt dessen „schöne[s] Äußer[es]", klärt nachträglich in Klammern, worauf sich das zweideutige Personalpronomen „Er" bezieht (V. 23–25), und deutet damit an, dass die Gestalt des Königs Ernst August nicht sehr ansehnlich sei. Der Besucher erfährt von einem Fremdenführer, dass in dem Schloss ein rüstiger alter Adliger aus England[1] residiere. Dessen Sicherheit beruhe weniger auf Wächtern, die in roten Uniformen „drohend und wild" (V. 28) auch vor dem Palast stehen, als auf dem Duckmäusertum von Personen, die der Reisende zu seinem Bekanntenkreis zählt (vgl. V. 33–36). Anders als sieben Göttinger

Aussehen und Herkunft des Königs Ernst August

[1] Die Herrscherfamilien in Großbritannien und im Königreich Hannover waren verwandt. Solche Verbindungen zwischen den europäischen Adelshäusern bestehen bis heute, da Heiraten nur unter ihresgleichen vorgesehen war.

Professoren, unter ihnen die Brüder Grimm[1], protestierten sie nicht, als Ernst August die Verfassung außer Kraft setzte. Der König, so berichtet der Einheimische weiter, langweile sich, vermisse die englische Lebensart, bilde sich Krankheiten ein und versorge traurig „seine kranken Hunde" (V. 48). Herkunft, Abneigung gegen „Königsamt" (V. 39) und Stadt, Vorlieben und Verdrossenheit sowie Egozentrik charakterisieren Ernst August als jemanden, der als Fürst völlig ungeeignet ist. Er kümmert sich um seine Hunde, nicht aber um sein Volk, das er nicht versteht und dessen Verfassung er für ungültig erklärt. Deshalb gibt er das Zerrbild eines Herrschers ohne Bindung zu den Menschen ab. Die äußere Sauberkeit und Pracht in Hannover stehen im Gegensatz zum Aussehen und zum fehlenden Verantwortungsbewusstsein des Königs. Er fungiert als Beispiel für die fürstliche Dekadenz in den zahlreichen deutschen Teilstaaten.

Mutlosigkeit bei der Aufhebung der Verfassung

Langeweile und Verdrossenheit des Monarchen

Fehlende Eignung des Fürsten

Zerrbild eines Herrschers ohne Bindung zum Volk

Nach den grauenhaften Vergleichsbildern und Traumszenarien in Minden leben im Fürstentum Bückeburg die Angriffslust des Erzählers und seine Freude an mehrdeutigen Anspielungen wieder auf. Wenn er den Dreck an den Stiefeln auf das Vaterland bezieht, kann das einerseits, weil er sie in Hannover reinigen lässt, ein Fingerzeig auf seine Gegner, ihr Preußentum und ihren Nationalismus sein, für die im vorausgehenden Kapitel der „schmutzige[ ] Quaste" steht (vgl. XVIII/V. 28, 53). Andererseits kann der Widerspruch gegen Danton auch bedeuten, dass er im Exil mit dem Vaterland verbunden blieb und sich nicht von ihm entfremdete.

Angriffslust und Mehrdeutigkeit

[1] Wegen des öffentlichen Protests, bei dem sich die Professoren auf ihren Verfassungseid beriefen, wurden sie als Demagogen verfolgt, ihres Amtes enthoben und zum Teil des Landes verwiesen. Ihre Haltung fand in der Bevölkerung große Zustimmung.

Caput XX–XXVII: Hamburg

Besuch bei der Mutter gleich nach der Ankunft

Caput XX: Das Ziel seiner Reise, auf das der Erzähler am ausführlichsten eingeht, erreicht er wie Köln spätabends bei Lüften, die ihn ergötzen (vgl. V. 3f. und IV/V. 3f.). Er sucht zuerst seine Mutter auf, nach der er sich in Paris gesehnt hat (vgl. XXIV/V. 49–51) und um die Heines bekanntes Gedicht „Nachtgedanken" kreist, das vermutlich in der ersten Hälfte des Jahres 1843 entstand[1], nicht lange vor dem Aufbruch des Dichters nach Deutschland also. Das mütterliche Glück, den Sohn nach langer Abwesenheit wiederzusehen, zeigt sich gestisch im Zusammenschlagen der Hände und sprachlich in dem Ausruf „Mein liebes Kind!" sowie in einem Oxymoron: „Und als ich zu meiner Frau Mutter kam,/ Erschrak sie fast vor Freude" (V. 5–8). Die Fürsorge der Mutter, die als Erstes den Hunger des überraschenden Besuchers stillen will, und die Aufzählung der Speisen sind ebenfalls Ausdruck ihrer Begeisterung. Der Gast isst alles, was sie anbietet, „mit großem App'tit" (V. 17). Währenddessen stellt sie „[v]erfängliche Fragen" (V. 20), die sie jeweils mit dem wiederholten Begrüßungsruf „Mein liebes Kind!" (vgl. V. 7, 9, 21, 33, 49) einleitet. Der Sohn antwortet ebenso formelhaft jedes Mal mit einem Lob der Speisen sowie den Worten „lieb Mütterlein" (V. 25, 37f., 53f.). Obwohl er den brisanten Themen ausweicht,

Mütterliche Freude

Unangenehme Fragen während des Essens

Ausweichende Antworten des Sohns ...

Das Wiedersehen des Dichters mit seiner Mutter (Holzstich)

[1] Vgl. DHA 2, S. 768.

betonen die Anreden ihre liebevolle Beziehung. Seine Antworten erlauben Rückschlüsse darauf, was ihn in Verlegenheit bringt: Von der eine Mutter umtreibenden Frage, ob die Ehepartnerin den Sohn gut versorge, lenkt dieser mit dem Hinweis auf die Gräten des Fischs ab, der zu schweigendem Verzehr zwinge (vgl. V. 25–28). Daraus geht hervor, dass seine Gattin die mütterlichen Erwartungen nicht erfüllt. Darüber hinaus ist daraus zu schließen, dass er sich von ihnen emanzipiert hat und über das eheliche Zusammenleben anders und moderner denkt als die alte Frau. Diese möchte weiter wissen, ob es sich in Deutschland oder in Frankreich besser leben lasse. Der Sohn antwortet, ohne sich zu entscheiden, mit Urteilen über die Zubereitung von Gänsen in beiden Ländern. Als ihn die Mutter schließlich nach der politischen Partei fragt, der er „mit Überzeugung" angehöre (V. 51 f.), beschreibt er eine Banalität: Ihm schmecke der „süße[ ] Saft" der Apfelsinen, deren Schalen er nicht esse (V. 53–56). Diese Bemerkung enthält aber ein Gleichnis, das seine politische Haltung indirekt offenbart: In den Parteien gibt es Ziele, die der Erzähler unterstützt, und solche, die er ablehnt. Keine kann mit seiner uneingeschränkten Unterstützung rechnen, was er schon am Ende der Rede an die Wölfe verklausuliert (vgl. XII/V. 49–52). Das unabhängige Denken ist ihm wichtiger, als sich vorbehaltlos hinter ein Parteiprogramm zu stellen.

... zu den Fähigkeiten seiner Gattin als Hausfrau

... zur besseren Lebensweise in Deutschland oder Frankreich

... zur Unterstützung einer bestimmten politischen Partei

In dem Gespräch, das gleich nach der Ankunft in Hamburg stattfindet und das die Mutter steuert, zeigt sich die enge wechselseitige Bindung zwischen ihr und dem Sohn. Die Fragen der alten Frau drehen sich um die Person des Besuchers, nicht um die politisch-gesellschaftlichen Missstände in Deutschland. Das sinnliche Vergnügen am Essen verdrängt geistig-moralische Auseinandersetzungen. Die Angriffslust weicht dem Bemühen, Konflikte zu vermeiden. Diese Eigenart des Kapitels entspricht der besonderen Beziehung zwischen Mutter und Sohn.

Enge Bindung des Erzählers zu seiner Mutter

Sinnliches Vergnügen beim Essen und Vermeidung von Konflikten

Caput XXI: Nach der privaten Begegnung schaut sich der Erzähler in der Stadt um, die eineinhalb Jahre vor dessen Besuch[1] durch eine Brandkatastrophe „zur Hälfte" zerstört worden ist und langsam wieder aufgebaut wird (vgl. V. 1 f.). Den „trübselig[en]" (V. 4) Eindruck, den sie auf ihn macht, vergleicht er mit dem Anblick eines „halb geschoren[en]" Pudels (V. 3). Er vermisst Orte, an die sich persönliche Erinnerungen knüpfen. Seinen Schmerz darüber bringt er in parallel gebauten rhetorischen Fragen zum Ausdruck, deren Haupt- und Nebensatz jeweils mit den Anaphern „Wo ist" und „wo ich" beginnen (vgl. V. 7–16). Das ebenfalls zerstörte Rathaus, das er als „[d]as Heiligste" (V. 20) der bürgerlich regierten Hansestadt religiös und zugleich ironisch überhöht, leitet zu Schilderungen der Katastrophe durch Augenzeugen über, in denen immer noch der große Schrecken nachwirkt (vgl. V. 51 f.). Während mit der „alte[n] Börse" ein Zentrum des Handels niedergebrannt sei (vgl. V. 29–32), seien der Silberschatz und die Aufzeichnungen der Bank erhalten geblieben. Wenn die Hamburger Bevölkerung den Wert eines Menschen nach diesen Unterlagen bestimmt und das Geld als „Seele der Stadt" (V. 33) betrachtet, reduziert sie sich selbst auf kaufmännisches Geschick und materiellen Besitz.

Folgen der Brandkatastrophe

Schmerz über zerstörte Erinnerungsorte

Schilderungen des Großbrands durch Augenzeugen

Hoher Stellenwert von kaufmännischem Geschick und Besitz

Der doppelte Erleichterungsruf „Gottlob!" (V. 36 f.) der Einwohner verbindet deren traditionelle Konzentration auf finanzielle Werte und Reichtum mit der aus der Not geborenen Sammlung von Geld, Nahrungsmitteln, Kleidern und Einrichtungsgegenständen. Diese Unterstützung habe, so das Fazit, nicht nur den „materielle[n] Schaden" er-

Bericht von Spendenaktionen

[1] Der fiktive, in vielem aber mit Heine identische Erzähler war wie der reale Verfasser 13 Jahre nicht mehr in Hamburg (vgl. XX/V. 9 f., XXIII/V. 79) und fuhr im Mai 1831 durch die deutsche Stadt Mülheim (vgl. VIII/V. 19 f.). Daraus ergibt sich als Reisezeit im „Wintermärchen" der November 1843. Der Hamburger Großbrand ereignete sich im Mai 1842.

setzt, sondern sich als „gutes Geschäft" herausgestellt (V. 39, 49). Die Aufzählung von Hilfsleistungen endet mit der Bereitschaft Preußens, Truppen zu schicken (vgl. V. 47f.). Daran zeigt sich die einfältige Leichtgläubigkeit der Bevölkerung in der Hansestadt. Denn der Erzähler und mit ihm die Leserinnen und Leser durchschauen, dass das Angebot weniger sozialen als politischen Zielen dient und die preußische Vormacht erweitern und verstärken soll.

Bereitschaft Preußens, mit Truppen zu helfen

Der Besucher versucht, die deprimierten Einwohner aufzumuntern, indem er an das gleiche Schicksal der antiken Stadt Troja in Homers Epos „Ilias" erinnert sowie zum Wiederaufbau und besseren Schutz vor künftigen Feuersbrünsten aufruft (vgl. V. 55–60). Seine folgenden Ratschläge, ungesunde Speisen zu vermeiden (vgl. V. 61–65), haben jedoch nichts mit der Brandkatastrophe zu tun. Sie gipfeln vielmehr in der Warnung vor dem hinterhältigen, bösartigen preußischen Adler, „der sein Ei gelegt/In des Bürgermeisters Perücke" (V. 67f.). Mit diesem witzigen Bild des Haarschmucks als Vogelnest, in dem ein Kuckucksei liegt, entlarvt der Erzähler nebenbei die zur Schau gestellte Amtsautorität als überflüssig und verlogen. Sein Hauptanliegen besteht jedoch darin, das verführerische, aber gefährliche Hilfsangebot Preußens abzulehnen, auf das er nun doch ausdrücklich eingeht (vgl. V. 47f.). In Wirklichkeit bat der Hamburger Senat Preußen um Truppen, um nach dem Großbrand Plünderungen zu verhindern.[1] Der Schlussappell des Ratgebers erstreckt sich darüber hinaus „auf die preußischen Pläne, Hamburg zum Eintritt in den Zollverein zu bewegen"[2].

Aufmunterungsversuche des Erzählers

Warnung vor ungesunden Speisen und dem preußischen Adler

Während der Besucher den Verlust von Orten bedauert, die ihm persönlich wichtig waren, und Mitleid für die Bewohner empfindet, die von der Brandkatastrophe heimgesucht

Unterschiedliche Gründe der Wehmut

[1] Vgl. DHA 4, S. 1144 (Anm. zu 138, 47–48).

[2] Ebd. (Anm. zu 139, 66–68).

wurden, verlagern sich deren Schilderungen auf die Bank, Vermögensverzeichnisse, die Höhe der Geldspenden und die Art der materiellen Hilfe. Sogar in großer existenzieller Not bricht sich der Geschäftssinn der Hamburger Kaufleute Bahn. Dadurch gerät die Spendensammlung wie diejenige für die Vollendung des Kölner Doms, die als nationale Aufgabe und Symbol des Einheitswillens verstanden wurde, ins Zwielicht (vgl. IV/V. 53–68). Die Warnung vor dem Adler im preußischen Wappen führt die Auseinandersetzung mit dem Vogel geistreich und humorvoll weiter, die in Caput III mit der Vision von dessen Schwächung und Vernichtung begonnen hat (vgl. III/V. 61–76) und in Caput XVIII einen Albtraum auslöst, in dem der Erzähler die Qualen des Prometheus erleidet (vgl. XVIII/V. 57–60).

Spendensammlungen im Zwielicht

Der preußische Adler als wiederkehrendes Motiv

Die Auseinandersetzung des Erzählers mit dem Adler im preußischen Wappen

Erzähler	Adler
Albtraum in Minden	
• Beute des Vogels • Erduldung prometheischer Qualen	• Verwandlung des „Betthimmelquast[s]" (XVIII/V. 53) in Geier und Adler • Umklammerung des Opfers, um sich von dessen Leber zu ernähren
Warnung in Hamburg	
• vor dem Angebot von Hilfstruppen • vor dem Eintritt Zollverein	• „Kuckucksei" (vgl. XXI/V. 67f.) im Perückennest des Bürgermeisters
Zukunftsvision in Aachen	
• Rache	• Schwächung und Vernichtung auf einem Schützenfest im Rheinland

Veränderungen der Einwohner im Allgemeinen

Caput XXII: Von den niedergebrannten Teilen Hamburgs und Spendensammlungen geht der Besucher zu den Einwohnern über, die sich noch stärker als die Stadt verändert hätten. Ihre trübe Stimmung vergleicht er mit den „Ruinen" (V. 4) der zerstörten Gebäude. Manche Veranlagungen der Menschen hätten sich verstärkt (vgl. V. 5f.), Verhaltensweisen zum Teil ins Gegenteil verkehrt (vgl. V. 7f.) und einige niedliche Kinder sich zu Dummköpfen und eingebildeten Frauen entwickelt (vgl. V. 9–12). Letzteres unterstreichen Tiermetaphern. Die allgemeinen Beobachtungen veranschaulicht der Erzähler, indem er die Veränderungen auffälliger Personen wie der „alte[n] Gudel", einer Prostituierten, und des „Papierverkäufer[s]", eines ihm freundschaftlich zur Seite stehenden jüdischen Händlers, beschreibt (vgl. V. 13–20). Ein in der Ferne Vorübereilender, dessen Namen er verschweigt, habe durch die Feuersbrunst den Verstand verloren, weil die Versicherungsgesellschaft den Brandschaden nicht ersetzen konnte (vgl. V. 21–24). Schließlich begegnet er seinem ehemaligen Zensor. Es prallen aber nicht, wie zu erwarten, gegensätzliche Einstellungen zur staatlichen Kontrolle von gedruckten Werken unversöhnlich aufeinander, sondern der körperlich und seelisch gebeugte alte Herr freut sich herzlich über das Wiedersehen (vgl. V. 25–32).

Veränderungen einzelner Personen

Herzliche Begegnung mit dem alten Zensor

Einige Bekannte, denen er sich verbunden fühlte, vermisst der Besucher: den kürzlich verstorbenen Gumpelino, einen frommen Bankier, und den „krummen Adonis" (V. 42), einen Porzellanverkäufer, dessen Name die widersprüchlichen Eigenschaften „schön" und „gebückt" vereint. Die Reihe der Toten endet unpassend mit dem Pudel von Heines Verleger, der seinen Hund mehr schätze als seine Autoren (vgl. V. 45–48). Damit deutet der Verfasser auf ein zuweilen spannungsreiches Verhältnis zu Julius Campe (1792–1867) hin, den er an anderer Stelle jedoch über alle Maßen lobt (vgl. XXIII/ V. 27–36).

Vermisste Bekannte …

… und der tote Hund des Verlegers

Wie am Anfang des Kapitels blickt der Erzähler am Ende noch einmal auf die Hamburger Bevölkerung insgesamt, unterscheidet nach der Religionszugehörigkeit „Juden und

Die Religionen in der Hansestadt

Christen" (V. 51) und stellt fest, dass es beiden Gruppen an Großzügigkeit fehle. Die Christen beurteilt er ohne religiöse Begründung als „ziemlich gut" (V. 53), um dann ihr Mittagessen und ihre Zahlungsmoral zu loben. Die Juden dagegen teilt er danach ein, ob sie an der überlieferten Glaubenstradition festhalten oder Reformen durchführen (vgl. V. 57–62). Diese Einstellungen wirkten sich auch in Politik und Gesellschaft aus, denn die Neuerer setzten sich für Demokratie ein, die Konservativen aber hielten sich für etwas Besseres. Die Haltung der Letzteren verspottet der Sprachkünstler mit dem Neologismus „aristokrätzig" (V. 63f.), der das Vornehme mit einer Hautkrankheit verbindet.

Glaubenstoleranz und Vorliebe für leckere Speisen

Obwohl der Besucher wie Heine, der einer jüdischen Familie entstammt, für gleiche Lebensbedingungen eintritt (vgl. I/V. 39–46) und seine Sympathie deshalb den Reformern und Demokraten gehören müsste, empfindet er Zuneigung für beide Glaubensparteien gleichermaßen. Seine wahre Liebe aber gilt „geräucherte[n] Sprotte[n]" (V. 68), die er gerne isst. In der Schlussstrophe dieses Kapitels bekennt er sich damit nicht nur zu religiöser Toleranz, sondern vor allem zu dem noch höheren Wert des Genusses leckerer Speisen. Mit dieser Vorliebe, die zum Abendessen mit dem Verleger Campe im nächsten Caput überleitet und sich in mehreren Passagen des „Wintermärchens" zeigt (vgl. IV/V. 5f., IX/V. 5–36; XX), bricht der Gegensatz von Geist und Materie, Spiritualismus und Sensualismus[1] auf. Indem der Erzähler sich einerseits nicht in die religiösen Auseinandersetzungen unter den Juden einmischt und andererseits auf seine Lust an gutem Essen einen Schwur „beim ewigen Gotte" (V. 66) ablegt, räumt er den körperlichen Bedürfnissen den Vorrang vor geistigen Entwürfen ein.

Spiritualismus und Sensualismus

[1] Siehe Themen und Motive auf S. 120f.

Obwohl sich die Menschen manchmal sonderbar und sogar töricht verhalten, wendet sich der Dichter nicht überheblich von ihnen ab, sondern schenkt ihnen seine Aufmerksamkeit. Einige Personen finden sein besonderes Interesse und er bedauert, dass zwei von ihnen verstorben seien. Die scharfe Kritik an den politisch-gesellschaftlichen Verhältnissen mildert sich angesichts der Menschen, die er trifft. Er trennt zwischen Institution und Person, was höchst eindrücklich die „rührende Szene" mit „meine[m] alten Zensor" verdeutlicht (V. 25, 32).

Aufmerksamkeit für die Menschen und ihre Eigenheiten

Trennung von Institution und Person

Heines Verleger Julius Campe

Caput XXIII: Bevor der Besucher ein Abendessen schildert, zu dem ihn sein Verleger in ein renommiertes Hamburger Lokal einlädt, preist er die Vorzüge der Hansestadt für Feinschmecker. Die Austern seien dort besser als in den politisch bedeutenderen Republiken Venedig und Florenz. Das Essen ist dem Erzähler also wichtiger als die Politik, was er durch den Superlativ betont, mit dem er die Muscheln „im Keller von Lorenz" auszeichnet (V. 4). Er freut sich über den „schöne[n] Abend" (V. 5), der durch das Wortspiel „schlampampen" (V. 8) aus den Wörtern „schlemmen", „schlampen" und „Schlampampe"[1] eine besondere Note erhält, „gute Gesellschaft" (V. 9) und einen großzügigen Gastgeber (vgl. V. 21 – 32). Unter den Gästen, die ähnlich wie der Erzähler denken, befinden sich der Journalist François Wille (1811 – 1896) und der Gymnasiallehrer Friedrich August

Vorzüge der Hansestadt für Feinschmecker

Ein „schöner Abend" in „gute[r] Gesellschaft"

[1] Name einer Wirtin in mehreren Komödien

Fuchs (1811–1856). Dieser hat sich vom Christentum abgewandt und stattdessen in der Philosophie und Schönheit einen neuen Glauben gefunden (vgl. V. 17–20). Jener, dessen Gesicht beim studentischen Fechten mehrfach verletzt wurde (vgl. V. 13–16), trug dazu bei, einige Angriffe im „Wintermärchen" abzuschwächen. Austern, Rheinwein und Verleger lösen in dessen Gast eine euphorische Stimmung aus, die sich zu einem stillen Dankgebet an den Schöpfer steigert, der ihn mit diesen Gaben beschenkt. Das Gebet endet mit der aus dem religiösen Rahmen fallenden Bitte um eine gute Verdauung. Damit schlägt das geistliche Anliegen in ein körperliches Bedürfnis um. In der Verbindung von Gebet und Verdauung lässt sich nicht nur der Dualismus von Geist und Materie wiedererkennen, sondern sie parodiert auch die religiöse Sprache.

Stilles Dankgebet in euphorischer Stimmung ...

... und parodierender Absicht

Der Wein ruft außer Dankbarkeitsgefühlen noch etwas anderes hervor, nämlich die Sehnsucht nach einer Frau. Die Streitlust legt sich und anstelle der inneren Zerrissenheit[1] breiten sich Empfindungen von Harmonie und Liebe aus. Ihnen liegt jedoch ebenfalls ein körperliches Verlangen zugrunde, denn jede weibliche Person erscheint dem Berauschten wie Helena, das Urbild aller Schönheit und Anziehungskraft. Deshalb sucht er den Ort auf, wo sich üblicherweise Prostituierte anbieten. „[I]m Mondenschimmer" (V. 58) sieht er eine außergewöhnliche Frau, die Würde ausstrahlt und deren Weiblichkeit stark ausgeprägt ist (vgl. V. 60, 71 f., 75). Augen, Wangen und Mund vergleicht er wie in der auf das Hohelied[2] und Petrarca[3] zurückgehenden Liebeslyrik mit Edelsteinen, Rosen und Kirschen. Das

Sehnsucht nach einer Frau

Begegnung mit einer ungewöhnlichen weiblichen Person

[1] Siehe Hintergründe auf S. 124–131.

[2] biblisches Buch im Alten Testament, in dem die Liebenden die Schönheit des jeweils anderen in Vergleichen und Metaphern rühmen

[3] Der italienische Dichter Francesco Petrarca (1304–1374) verherrlicht die äußere Schönheit seiner Geliebten Laura in einer Reihe einzelner Merkmale.

„rund[e] und kerngesund[e]" Antlitz sowie die „etwas rötlich[e]" Nase (V. 61, 64) passen jedoch nicht in den gebräuchlichen Schönheitskatalog. Die Frau ist mit einem weißen römischen Leinenhemd bekleidet und trägt auf dem Kopf eine Mütze aus demselben Stoff in der Form des Hamburger Wappens (vgl. V. 65–70). Es handelt sich um eine Gestalt zwischen Wirklichkeit und Fantasie (vgl. V. 73–76).

Anknüpfung an frühere Zeiten

Sie kennt den Besucher von früher, als er mit den Dirnen „dieser schönen Gegend" (V. 84) die Nacht verbracht hat, und heißt ihn willkommen. Er könne, so führt sie aus, die weiblichen Wesen von einst aber nicht mehr finden, weil ihre Schönheit in der langen Zeit seiner Abwesenheit vergangen sei oder sie sogar gestorben seien. Die merkwürdige Frau tritt gleichsam selbst an deren Stelle. Sie bezeichnet die verzehrende Kraft des Lebens als „Ungetüm" und „hundertköpfige" Schlange (V. 85f.) und veranschaulicht die Vergänglichkeit, ein die Barockzeit des 17. Jahrhunderts prägendes Motiv, durch Blumen, die blühen, verwelken und ihre Blätter verlieren (vgl. V. 89–92). Dieser Aussage verleiht sie dadurch großen Nachdruck, dass sie die Veränderungen in der Pflanzenwelt wiederholt und dadurch steigert, dass „rohe[ ] Schicksalsfüße[ ]" (V. 94) die Blüten zertreten hätten. In einem verallgemeinernden Satz zitiert sie als Fazit Theklas Worte aus der Tragödie „Wallensteins Tod" von Friedrich Schiller, nachdem Max Piccolomini, ihr Geliebter, unter Pferdehufen gestorben ist: Es sei „das Los des Schönen auf der Erde", vom Schicksal vernichtet zu werden (V. 3180).

Vergänglichkeit der Schönheit

Der Erzähler fragt die Frau, die er dem Traumreich zuordnet (vgl. V. 97f.), nach ihrer Identität, Wohnung und Erlaubnis, sie nach Hause zu begleiten. Sie verwahrt sich aber dagegen, für eine Prostituierte gehalten zu werden (vgl. V. 101–106), und gibt sich als Hamburgs Schutzgöttin Hammonia zu erkennen. Obwohl der Dichter nach dieser

Hamburgs Schutzgöttin Hammonia

überraschenden Vorstellung seinen Mut verloren zu haben scheint, lädt sie ihn ein, mit ihr zu kommen. Auf dieses riskante Angebot lässt er sich lachend ein: „[I]ch folge dir,/ Und ging' es in die Hölle!" (V. 115.f.)

Zwei Teile des Kapitels und ihr verbindendes Element

Das Abendessen mit Campe, Heines Verleger, und die Begegnung mit Hammonia gliedern das Kapitel in zwei Teile, die der sinnliche Genuss, über den sich der Besucher im Gasthaus freut und nach dem er sich anschließend bei den Prostituierten sehnt, wiederum verbindet. In deren Bezirk angekommen, spricht ihn eine Frau an, die durch den Ort, an dem sie sich aufhält, und ihr Aussehen mit den menschlichen Niederungen in Berührung kommt, als Schutzgöttin aber höheren Sphären angehört. Diese beiden Bereiche überlagern sich in Hammonia ebenso wie Wirklichkeit und Traum, Realität und erdichtete Göttersage (vgl. V. 76, 97f.). Der Erzähler sieht das „hehre[ ] Weib" „im Mondenschimmer" (V. 58f.), bei dem er in Köln auch mit dem Rhein spricht (vgl. V/V. 4) und mit dem vermummten Begleiter hinter sich zum Dom geht (vgl. VI/V. 24, VII/V. 30f.) – das zweite Mal im Traum. Der Mond erzeugt eine romantische Atmosphäre, in der die Gesetze der Realität nicht mehr gelten und die Fantasie zu ihrem Recht kommt.

Überlagerung unterschiedlicher Sphären

Romantische Mondschein-Atmosphäre

Geistige und körperlich-materielle Schönheit

Der Besucher nennt den Schlemmerabend als Gast seines Verlegers „schön[ ]" (V. 5), und die Stadtgöttin verwendet das Attribut für die Dirnen und die Gegend, in der sie zu finden sind (vgl. V. 81, 84). Das Schicksal „[v]on allem Schönen" bestimmt sie, indem sie sich mit dem Drama „Wallenstein" auf ein Werk der deutschen Klassik bezieht (vgl. V. 95f.), und die Prostituierten bezeichnet sie als „schöne[ ] Seelen" (V. 81, vgl. auch IX/V. 31) mit einem Begriff, der für Schiller das Schönheits- und Humanitätsideal dieser Epoche erfasst.[1] Während mit diesem Ausdruck in der Klassik die Harmonie von „Sinnlichkeit und Vernunft,

[1] Vgl. S. 38f.

Pflicht und Neigung", „die sittliche Vollkommenheit des Menschen"[1] und die höchste Stufe seiner Veredelung gemeint ist, verlagert ihn Hammonia in den Bereich des reinen Sinnengenusses ohne moralischen Anspruch. Dort siedelt sie nicht nur den zitierten Begriff, sondern die Schönheit allgemein (vgl. V. 84, 96) an, und der Hinweis des Erzählers auf den „schöne[n] Abend" (V. 5) bildet den entsprechenden Auftakt. Das Schöne öffnet und vollendet nicht mehr die geistige Welt, sondern sie bleibt der körperlich-materiellen zugeordnet.

Der Erzähler „in Hammonias Kämmerlein" (Zeichnung von Hans Traxler)

Caput XXIV: Vom Wein noch benebelt, erreicht der Besucher das kleinbürgerliche „Kämmerlein" Hammonias, wo ihm die „Göttin" ihre Zuneigung bekundet (V. 5–9). Diese gilt zunächst dem Dichter, der den berühmten Verfasser des Versepos „Der Messias", Friedrich Gottlieb Klopstock (1724–1803), der mehr als drei Jahrzehnte in Hamburg lebte, aus ihrer Gunst verdrängt hat. Deshalb stülpt sie nun ihre Hauben über dessen Büste. Das Bild des Erzählers jedoch hängt, zum Zeichen ihrer Verehrung mit einem Lorbeerkranz umge-

Sympathie Hammonias für den Dichter

[1] Friedrich Schiller: Über Anmut und Würde. In: Sämtliche Werke. Bd. 5. 9., durchges. Aufl. Lizenzausg. f. d. Wiss. Buchgesellschaft Darmstadt. München: Hanser 1993, S. 464, 468.

Rüge wegen der Kritik an Hamburger Bürgern

ben, über ihrem Bett. Allerdings habe es sie gekränkt, dass er ihre Söhne, die Hamburger Bürger, oft geärgert habe (vgl. V. 21–23). Das möchte sie in der Hoffnung unterbinden, dass sich dieser unangenehme Charakterzug inzwischen verloren habe und er auch mit Narren Nachsicht übe. Als sie wissen will, weshalb er sich in der ungünstigen Jahreszeit in das nördlich von Paris gelegene Hamburg begebe, begründet er die Reise mit dem Heimweh. Es habe ihn trotz des angenehmen französischen Lebens überfallen, sei immer stärker geworden und habe ihm die Luft zum Atmen genommen. Er habe sich zum einen danach gesehnt, was er als typisch deutsch empfinde, den Geruch von Torf und „Tabaksdampfe" (V. 45f.), rauchende Schornsteine, Nachtigallen und stille Buchenwäldchen (vgl. V. 61–64), zum anderen nach den Mitgliedern seiner Familie, der Mutter, der Schwester und dem Onkel Salomon (vgl. V. 49–56). Dieser „edle[ ] alte[ ] Herr[ ]" habe zwar mit seinem Neffen geschimpft, ihm aber auch Schutz geboten. Die tadelnde Anrede „dumme[r] Junge[ ]" habe bei seinem Onkel so angenehm harmonisch geklungen, dass sie der Erzähler wieder hören möchte (vgl. V. 53–60). Es zieht ihn sogar an die Orte, an denen er als Jugendlicher schwer gelitten habe und an denen er noch einmal weinen möchte. Wie groß der Schmerz damals gewesen ist, bringt er durch die „Leidensstationen", das Kreuz und die „Dornenkronen" unter Bezug auf die Passion Christi zum Ausdruck (vgl. V. 65–70). Wie bei Heine könnten eine unglückliche Liebe und fehlender beruflicher Erfolg die Ursachen des Leidens gewesen sein. Die Stärke des Heimwehs zeigt sich in Wiederholungen und Parallelismen (vgl. V. 45, 49, 61, 65) sowie in Seufzern (vgl. V. 49, 56). Schließlich fasst der Besucher sein innig-schmerzliches Verlangen, das er „töricht[ ]" (V. 72) nennt, weil es der Vernunft widerspricht, im Begriff der „Vaterlandsliebe" (V. 71) zusammen. Er betrachtet dieses Gefühl als „Krankheit" und „Wunde", für

Heimweh als Grund der Reise

Sprachliche Formen für die Stärke des Heimwehs

Vaterlandsliebe als Krankheit

die er sich schämt und die er in der Öffentlichkeit verbirgt (vgl. V. 73–76, 85–90).

Angriff auf den nationalistischen Patriotismus

Die Selbstoffenbarung und -analyse schlägt in einen Angriff auf „das Lumpenpack" um, das im Gegensatz zu dem Erzähler in der Öffentlichkeit einen unechten, widerwärtigen „Patriotismus" nur vorspiele, um Emotionen anzuheizen (vgl. V. 77–80). Er beschimpft solche Leute als „[s]chamlose schäbige Bettler" (V. 81). Sie bäten im Volk um etwas Anerkennung für den Literaturkritiker Wolfgang Menzel, der sich für das Verbot von Werken der jungdeutschen Dichter einsetzte, und die schwäbische Dichterschule, mit der dieser sympathisierte (vgl. V. 81–84). Die ausführliche Antwort auf Hammonias Frage endet mit der Gewissheit ihres Gastes, dass er den momentanen Zustand, in dem er seinen Gefühlen ausgeliefert sei, überwinde. Die Göttin könne ihm „[d]urch eine gute Tasse Tee" (V. 91) dabei helfen.

Einblick in seelische Tiefenschichten

Intensive Empfindungen

Mit der „Krankheit" gewährt der Erzähler Einblick in seelische Tiefenschichten, die der Gesunde normalerweise unter Angriffslust, lebhafter Fantasie, satirischem Witz und sprachlicher Virtuosität verbirgt. Die intensiven Empfindungen des Besuchers und seiner Gastgeberin – sie bekennt ihre Sympathie für ihn (vgl. V. 7 f.) – prägen dieses Kapitel. Mit dem Heimweh teilt der Dichter rückblickend den Grund der Reise mit. Er grenzt es scharf vom Patriotismus der Populisten ab, die sich beim Volk beliebt machen wollen. Dieses Thema beschäftigt Heine auch im Vorwort zum Einzeldruck von 1844, in dem er seine Vaterlandsliebe erläutert und der nationalistischen entgegenstellt.[1] Jene gründet auf sinnlichen Wahrnehmungen der Heimat, persönlichen Beziehungen und eigenem Erleben, diese dagegen auf einer abstrakten Ideologie und dem Bedürfnis nach Popularität.

Wahrer und verlogener Patriotismus

[1] Siehe S. 123, Z. 9–S. 124, Z. 26 in der Textausgabe.

Hammonia als widersprüchliche Person

Das kleinbürgerlich ausgestattete Zimmer Hammonias und die kitschige Verehrung des Dichters passen ebenso wenig zu dem Status der Stadtgöttin wie das Prostituiertenviertel, in dem sie sich aufhält. Dieser Widerspruch zwischen einem überirdischen Wesen und menschlichen Bedürfnissen, die stellenweise an Derbheit grenzen, zieht sich auch durch die folgenden Kapitel und löst ein satirisches Feuerwerk aus.

Sorgen der Göttin um den Erzähler in Paris

Appell, in Hamburg zu bleiben

Caput XXV: Entzündet wird es dadurch, dass Hammonia am Anfang des Kapitels den Rum nicht als Zugabe im Tee, sondern pur trinkt. Sie schmiegt sich an den Erzähler und spricht „mit sanftem Tone“ (V. 8) von den Sorgen, die sie sich um ihn in dem „sittenlosen/Paris“ (V. 10f.) mache. Dort sei er gefährlichen Verführungen ausgesetzt und müsse auf den Rat eines „treuen deutschen Verleger[s]“ (V. 15) verzichten. Die Göttin appelliert an ihn, in Hamburg zu bleiben, wo sittliche Regeln eingehalten würden und trotzdem „manches stille Vergnügen“ (V. 23) möglich sei. Als weiteres Argument führt sie an, dass sich die politischen Verhältnisse in Deutschland gebessert hätten. Es werde großzügiger zensiert und ihr Gast müsse nicht im gleichen Ausmaß wie früher das Verbot seiner Werke befürchten. Schließlich geht sie davon aus, dass er mit zunehmendem Alter verständnisvoller geworden sei und als weniger schlimm beurteile, was ihm widerfahren sei.

Verbesserungen in Deutschland

Übertriebene Klagen

Über ihre Aufforderung zum Dableiben hinaus bewertet Hammonia frühere Klagen über die deutschen Zustände mit zynischen Begründungen als „Übertreibung“ (V. 37f.; vgl. auch V. 49f.): Man habe „Knechtschaft“ durch Selbstmord beenden können (vgl. V. 39f.); das Volk habe denken können, was es gewollt habe, und nur wenige, die Schriftsteller nämlich, seien davon ausgenommen gewesen; immer seien Beamte, die liberal und national gedacht hätten, nach Recht und Gesetz verurteilt und aus dem Staatsdienst entlassen worden; nie sei „[i]n einem deutschen Gefängnis“ (V. 52) jemand verhungert. Diese Standards habe Deutschland eingehalten, obwohl die Zeiten schwierig gewesen seien.

Verklärung der Vergangenheit und düsteres Zukunftsbild

Auf der nächsten und höchsten Stufe des Beschönigens verklärt Hammonia die Vergangenheit und prognostiziert eine düstere Zukunft. Indem sie die angenehmen Seiten „[d]es Glaubens und der Gemütlichkeit" in früheren Zeiten mit „Zweifel, Verneinung" in der Gegenwart konfrontiert (V. 55f.), gibt sie sich als konservativ zu erkennen. Die in Staat und Gesellschaft realisierte Freiheit zerstöre das innere Ideal von ihr, dessen Reinheit sie mit dem „Traum der Liljen" vergleicht (V. 60). Sie verteidigt damit, was der Erzähler verspottet, als er die angenehmen deutschen Federbetten in Köln lobt (vgl. VII/V. 9–16). Die Göttin sagt den Untergang „unsre[r] schöne[n] Poesie" (V. 61) mit Königen im Mittelpunkt voraus. Sie ist also Liebhaberin der hohen Literatur in der Tradition von Klassik und Romantik, die auf der Grundlage einer aristokratischen Ständegesellschaft gedeiht und soziale Konflikte ausspart. Auch diese Vorliebe steht in krassem Gegensatz zu dem neuen, besseren Lied des Gastes, das für das irdische Glück aller Menschen eintritt (vgl. I/V. 33–52). Ausreichend Nahrung gebe es nur, so erkennt die Göttin folgerichtig, wenn die biedermeierliche[1] Idylle durch ein „Spektakelstück" (V. 67) überwunden ist. Damit meint sie eine politische und literarische Revolution, für die der Besucher eintritt.

Reale und ideale Freiheit

Hohe und sozialkritische Literatur

Ein reizvolles Angebot unter einer Bedingung

Um ihre Prognose zu untermauern, lockt Hammonia den Gast mit einem Angebot, das nur für ihn bestimmt, aber an ein Schweigegebot geknüpft ist, das der Schriftsteller, wie sie unterstellt, nicht erfüllen könne. Von der menschlichen in die überirdische Rolle wechselnd, würde sie ihm in ihren

[1] Biedermeier bezeichnet eine kulturelle Haltung, die sich in der Restaurationszeit zwischen 1815 und 1848 (vgl. S. 89, 96f.) von politischen und gesellschaftskritischen Themen ab- und dem privaten Bereich zuwendet. Dort erforschen die Menschen ihr eigenes Selbst, Natur und Geschichte. Resignative Stimmung steigert sich bis zum Weltschmerz.

„Zauberspiegeln" gern die „Zukunft deines Vaterlands" zeigen (vgl. V. 69–76). Wider Erwarten unterwirft sich der begeisterte Besucher der Bedingung, weil er mit dem Anblick des „künftige[n] Deutschland" sein „größtes Vergnügen" erlebe (V. 78f.). Er erklärt seine Bereitschaft, jeden Eid zu schwören, dass er schweige (vgl. V. 81–84). Die Göttin verlangt, den Schwur wie der oberste Knecht Abrahams im Alten Testament zu leisten.[1] Deshalb legt der Gast seine Hand an ihre Hüften unter dem Gewand und gelobt, was sie fordert. Die Feierlichkeit dieses uralten Rituals aus den Anfängen des jüdischen Volkes ergreift den Erzähler derart, dass er es zweimal in fast gleichen Worten beschreibt: Die Göttin sagt ihm vor, was er anschließend ausführt. Auf diese Weise werden Eide bis heute geleistet.

Schweigeversprechen unter Eid

Hammonias Bedürfnis nach körperlichem Kontakt mit dem Besucher (vgl. V. 5f.) offenbart, dass sie nicht nur dem Dichter (vgl. XXIV/V. 7f., 17–20), sondern auch dem Mann Sympathie entgegenbringt. Ihr Appell an ihn, in Hamburg zu bleiben, ist deshalb der einer liebenden Frau, die den Erzähler in ihrer Nähe wissen möchte. Ihr persönliches Anliegen verschleiert sie aber mit politischen und gesellschaftlichen Argumenten, indem sie Deutschland auf- und Frankreich abwertet, auf unwesentliche Liberalisierungen in ihrem Land verweist, übertriebene Klagen zu entkräften versucht sowie die idyllische Vergangenheit verklärt und ein düsteres Bild der Zukunft entwirft, die alles infrage stelle und Unruhe stifte. Sie bemäntelt die Verhältnisse, wie sie der Besucher auf der Reise in sein Heimatland erlebt und im „Wintermärchen" beschreibt. Er bekämpft, wofür sie eintritt. Ihre beschönigende Rede stellt ein ironisches Scheinlob dar, mit dem der Verfasser die Ansichten

Verschleierung der Liebe durch politisch-gesellschaftliche Argumente

Ironisches Scheinlob

[1] Der Knecht sollte schwören, dass er in Abrahams Heimat eine Frau für dessen Sohn Isaak suche und nicht in Kanaan, wo sie jetzt leben (vgl. 1. Mose 24,2–4.9).

seiner Gastgeberin verurteilt.[1] Deren Argumentationsmuster lassen sich auch in politischen Auseinandersetzungen der Gegenwart feststellen, sodass ihnen eine überzeitliche Geltung zukommt.

Zeitunabhängige Argumentationsmuster

Caput XXVI: Der Rum, den die Göttin am Anfang des vorausgehenden Kapitels genossen hat (vgl. XXV/V. 3f.), bewirkt, dass sie betrunken ist. Er rötet ihren Kopf – dafür steht stellvertretend die Krone (vgl. V. 2f.) – und versetzt sie in eine melancholische Stimmung. Im Bewusstsein des zunehmenden Alters blickt sie auf ihre Geburt am Tag, als ihr Vater Karl der Große (742–814) Hamburg gegründet haben soll, und auf ihre Herkunft zurück. Die Größe des mittelalterlichen Kaisers überrage die Friedrichs von Preußen (1712–1786), dem derselbe Ehrentitel zugeschrieben wurde. Der Thron in Aachen leitet zum Nachtstuhl des Vaters über, auf dem er seine Notdurft verrichtet habe und der als Erbstück über ihre Mutter zu Hammonia gelangt sei. Unter dem Sitzpolster des unauffälligen Sessels, der trotz der im Lauf der Zeit entstandenen Schäden unverkäuflich sei, befinde sich der „Zauberkessel", in dem der Gast in die „Zukunft Deutschlands" sehen könne (vgl. V. 18–32). Bei den „magischen Kräfte[n]" (V. 30), die dort brodeln, handelt es sich um Exkremente. Deshalb spricht die Göttin von Trugbildern (vgl. V. 34), bereitet ihn auf giftige Ausdünstungen (vgl. V. 36) vor

Die betrunkene Göttin

Rückblick auf Geburt und Herkunft

Der „Zauberkessel" im Nachtstuhl des Vaters

Alter Nachtstuhl

[1] Vgl. DHA, S. 1152.

und lacht merkwürdig. Die übernatürliche Schau reduziert sich auf körperliche Ausscheidungen als Ergebnis biologischer Zersetzungsprozesse.

Deutschlands Zukunft als entsetzlicher Gestank

Mutig und neugierig folgt der Besucher den Anweisungen Hammonias und steckt den Kopf in die runde Öffnung des Sitzes (vgl. V. 25–32, 38–40). Da er wegen seines Eides nicht sagen darf, was er sieht (vgl. V. 41f. und XXV/V. 69–100), beschreibt er den entsetzlichen, unerträglichen Gestank und seine Wirkung. Mit ironischen Euphemismen unterscheidet er „Vorspielgerüche" und anschließende „Düfte". Letztere vergleicht er mit denen beim Ausmisten von 36 Gruben (V. 47–52), womit er auf die furchtbaren Missstände in den deutschen Einzelstaaten anspielt und die vielen Monarchien verhöhnt. Von Saint-Just (1767–1794), einem radikalen Vertreter der Französischen Revolution, weiß er zwar, dass die „große Krankheit" (V. 55) – der Ständestaat – nicht mit Wohlgerüchen – Menschlichkeit – zu beseitigen sei. Wer gegen ihn vorgehe, müsse also einiges aushalten. Bei dem Gestank, der ihm aus der Nachtstuhlschüssel entgegenschlägt, fällt er jedoch in Ohnmacht.

Hammonias Liebesrausch

Als der Erzähler wieder zu sich kommt, hält ihn die verzückte Hammonia im Liebesrausch in ihren Armen. An Augen, Mund und Nase, die ihm beim Zusammentreffen mit ihr schon aufgefallen sind (vgl. XXIII/V. 61–64), zeigt sich, dass sie außer sich ist wie das Gefolge des antiken Weingotts Bacchus, das sich den Trieben hingibt (vgl. V. 65–68). Sie gesteht dem Gast ihre große Liebe (vgl. V. 69, 75f.), fordert ihn erneut auf, in der Hansestadt zu bleiben, und versucht, ihn mit „Wein" und „Austern", seinem Lieblingsgetränk und -essen, von der „dunkle[n] Zukunft" abzulenken (vgl. V. 70–74). Sie steigert sich in die Vorstellung hinein, dass auf der Straße Hochzeitslieder und -musik erklän-

Hochzeitsvision

gen, Reiter mit Fackeln ankämen und tanzten, Senat, Ältestenrat und Bürgermeister sich einfänden, die Gesandten der Nachbarstaaten in Uniform gratulierten und auch die Vertreter unterschiedlicher Religionen erschienen. Die Hochzeitsvision endet jedoch mit dem Eintreffen des Zensors Hoffmann, der den Bräutigam seiner männlichen und poetischen Zeugungskraft beraubt (vgl. V. 99–104). Der von der Stadtgöttin überschwänglich geliebte Dichter, der durch die Ehe in Hamburg bleiben müsste, verlöre seine Kreativität und könnte seine revolutionären Ziele nicht mehr verfolgen.

Vernichtung von Zeugungskraft und Kreativität durch die Zensur

Die Schau in Deutschlands Zukunft parodiert ein antikes Vorbild in dem Epos „Äneis" des römischen Dichters Vergil. Während der Held dort beim Besuch einer Wahrsagerin die glorreiche Herrschaftszeit des Kaisers Augustus (63 v. Chr.–14 n. Chr.) voraussieht[1], erblickt Heines Erzähler im Nachtstuhl Karls des Großen nur, was nach der Verdauung im menschlichen Körper ausgeschieden wird. Die kaiserliche Würde wird mit den natürlichen Abläufen in jedem Menschen konfrontiert und dadurch infrage gestellt.

Parodie eines antiken Vorbilds

Hammonia und ihr Besucher knüpfen an das, was im „Zauberkessel" (V. 29) zu sehen ist, unterschiedliche Erwartungen, interpretieren es anders und leiten gegensätzliche Konsequenzen daraus ab. Die Göttin möchte damit ihre pessimistische Einschätzung der zukünftigen Entwicklung in Deutschland belegen (vgl. XXV/V. 53–76), die Gegenwart mit dem Geliebten genießen, ein Luftschloss beziehen und bevorstehende Zeiten verdrängen. Der Erzähler dagegen erhofft sich Einblick, wie es in seinem Vaterland politisch und gesellschaftlich weitergeht. Bei dem Gestank denkt er an das Ausmisten und Heilen, an notwendige Veränderungen und Verbesserungen, an Arbeiten also, die seine Kräfte übersteigen. Dabei hat er die Entmachtung des Adels durch eine demokratische Verfassung und eine soziale Ordnung im Sinn, in der allen das Gleiche zusteht.

Unterschiedliche Erwartungen, Interpretationen und Konsequenzen

[1] Vgl. DHA 4, S. 1151.

Die Göttin als Teil der angepassten Bürgergesellschaft

Hammonia gibt sich der Fantasie eines prächtigen Hochzeitsfestes hin, an dem die mächtigen und einflussreichen Personen im Stadtstaat teilnehmen. Sie glaubt sich von ihnen geehrt, weil sie zu ihnen gehört. Deshalb zeigt die Anwesenheit dieser Repräsentanten des Bürgertums ebenso wie die Reihe von Begründungen, in denen sie die politisch-gesellschaftlichen Verhältnisse in einem günstigen Licht darstellt (vgl. XXV/V. 25–68), dass sie sich mit ihnen arrangiert hat. Mit ihrem Appell an den Dichter, in Hamburg zu bleiben, und der Heirat mit ihm will sie ihn in die angepasste, politisch passive Bürgergesellschaft integrieren.

Gegensätzliche Hochzeitsvisionen

Die Hochzeitsvision im Alkoholrausch ist daher ein restaurativer[1] Gegenentwurf zu der im ersten Kapitel begeistert besungenen Eheschließung der „Jungfer Europa" mit dem „schönen Geniusse/Der Freiheit" (vgl. I/V. 57–68). Diese Heirat symbolisiert eine reale Umwälzung auf dem gesamten Kontinent, die durch die Kinder des Paars nachhaltig wirkt. Das Fest in Hammonias Vorstellung aber bleibt ein auf Hamburg beschränktes Ereignis und die von ihr ersehnte Ehe ohne Nachkommen. Die erste Hochzeitspassage, die grundlegende Veränderungen feiert, entlarvt die zweite als perspektivlos.

---

[1] rückwärtsgewandt im Sinne der Restauration. Siehe die historischen Hintergründe auf S. 89.

Hammonias Werben um den Erzähler

Hammonia	Der Erzähler
• Anrede im Prostituiertenviertel (XXIII/V. 77–80) • Verehrung des Dichters (XXIV/V. 7–20) • körperliche Nähe (XXV/V. 5f.; XXVI/V. 62–64) • Sorge um den Besucher, der in Paris zahlreichen Verführungen ausgesetzt sei (XXV/V. 9–20) • Appell, in Hamburg zu bleiben (XXV/V. 21–25, XXVI/V. 69) • beschönigende Darstellung der Verhältnisse in Deutschland (XXV/V. 27–52) • Angebot, Deutschlands Zukunft zu sehen (XXV/V. 69–80) • Liebesgeständnis und Hochzeitsvision (XXVI/V. 69–100)	**Der Erzähler** • staunt • antwortet • geht auf Vorschläge ein • folgt Anweisungen • fällt in Ohnmacht • verliert seine männliche und poetische Zeugungskraft

Die Zukunft in Bildern des Wachsens und der Sonne

Caput XXVII: Im Schlusskapitel beschreibt der Erzähler in Bildern des Wachsens (vgl. V. 9), Knospens (vgl. V. 13), Sonnenlichts (vgl. V. 16f.) und der Wärme (vgl. V. 4, 15) eine Zukunft, die der in Hammonias „Zauberkessel" (XXVI, V. 29) gesehenen und gerochenen entgegengesetzt ist. Während die Göttin für die kommenden Zeiten schwarzsieht und vor ihnen die Augen verschließt (vgl. XXVI/V. 70–74), ist er davon überzeugt, dass die nächste Generation in seinem Sinne frei lebt, denkt und handelt. Sie verstelle sich nicht wie die jetzige, die wegen ihres Heuchelns und Lügens zum Untergang bestimmt sei. Die Jugend erfasse, worum es ihm als Dichter gehe, und lasse sich dafür begeistern. Deshalb wolle er ihr „alles verkünden" (V. 12), auch die Ereignisse der „Wundernacht" (V. 1) bei Hammonia, die er vorerst noch verschweigt.

Die nächste Generation aufseiten des Dichters

Poetische Basis des Erzählers

Der Erzähler offenbart, was seiner Dichtung zugrunde liegt. Zunächst seien es persönliche Eigenschaften: „Stolz und Güte" (V. 14) sowie ein liebendes Herz und Reinheit, die er mit Licht und Feuer vergleicht (vgl. V. 17f.). Hinzu kämen Anmut und Schönheit als Gaben der Grazien, die sie im antiken Griechenland als Göttinnen verkörperten. Schließlich beruft er sich auf den griechischen Dichter Aristophanes (um 445–ca. 395 v. Chr.), den er als „Vater" (V. 22, 32) bezeichnet. Die Hochzeitsvision der Hamburger Stadtgöttin (vgl. XXVI/V. 81–96) lehne sich an dessen Komödie „Die Vögel" an, die mit der Heirat von Peisetairos, der die Prozesssucht in Athen nicht mehr erträgt, und der Himmelskönigin Basileia in dem Vogelstaat Wolkenkuckucksheim endet (vgl. V. 25–32). Beide Dichter verspotten die Flucht vor der Realität und ihren Herausforderungen.

Anleihe bei Aristophanes

Eine weitere Komödie von Aristophanes, „Die Frösche", lenkt die Gedanken des Erzählers auf den preußischen König Friedrich Wilhelm IV., der sie, anders als sein Vater, der moderne Literatur vorziehe, schätze (vgl. V. 33–40). Dem wiederholten Satz „Der König liebt das Stück" folgt zuerst ein Lob für das Urteil des Monarchen, dann aber eine Bemerkung, die es entwertet. Denn der Verfasser müsste, wäre er noch am Leben, Preußen meiden (V. 37–44). Dort sähe er sich nämlich von zahlreichen Polizisten umgeben und das einfache Volk dürfe ihn beschimpfen. Aus diesem Grund richtet der Erzähler einen als Rat deklarierten Appell an den König persönlich, nicht nur die toten, sondern auch die lebenden Dichter zu achten und rücksichtsvoll zu behandeln. Diese verfügten nämlich über schlimmere „Flammen und Waffen" als

Der antike Komödiendichter und Preußen

Rat und Warnung an den preußischen König

Friedrich Wilhelm IV. von Preußen.
Porträtaufnahme von Hermann Biow, Daguerreotypie von 1847

die Blitze in der Hand des Zeus (V. 57–60). Der Dichter provoziert, indem er Beleidigungen gegen sich und seinesgleichen für schwerwiegender hält als Gotteslästerung (vgl. V. 61–64). Er begründet seine Warnung damit, dass harte Strafen der Götter durch Gebete, Spenden und Christus, der als Erlöser am Ende der Welt wiederkehrt, erlassen werden können. Aus den literarischen Höllen, in die Poeten ihre Gegner sperrten, gebe es jedoch kein Entkommen. Der Erzähler verweist auf das „Inferno" in Dantes „Göttlicher Komödie", wo die Gegner des italienischen Dichters bei den Verdammten schmachten[1]. Über dem Höllentor ist dort zu lesen: „Lasst alle Hoffnung fahren, die ihr eintretet"[2]. Diese Aussichtslosigkeit unterstreicht Heines Erzähler, indem er sie beim Übergang von der vorletzten zur letzten Strophe zweimal formuliert (vgl. V. 84f.). Das „Wintermärchen" endet mit der Drohung an den preußischen König, dass ihm das Gleiche passieren könnte und er dauerhaft von „singenden Flammen" (V. 86) umgeben wäre.

Verdammnis in Dantes Hölle

Das Flammenmotiv, das sich in der zweiten Hälfte des Schlusskapitels auf die Hölle bezieht (vgl. V. 58, 67f., 86), ist in dem Ammenlied und in der Barbarossa-Sage mit der Sonne und der Rache der Morde an Otilie und Germania, die Deutschland personifiziert, verbunden (vgl. XIV/V. 4, 7, 16, 20, 112, 120). Der Erzähler schlüpft also wie die Femerichter[3] und der mittelalterliche Kaiser in die Rolle des Rächers, wenn seine Widersacher ihn verfolgen und seine Werke verbieten. Selbstbewusst weiß er sich dagegen zu wehren. In der ersten Hälfte von Caput XXVII preist er dagegen die nächste Generation, die seine Überzeugungen teilt und umsetzt. Die Freiheit breitet sich im Sonnenschein aus (vgl. V. 11, 15–17) wie vor 13 Jahren in Mülheim, wo

Flammenmotiv und Rache

Freiheit und Sonnenschein

[1] Vgl. die Anm. auf S. 56.

[2] Kindlers Neues Literaturlexikon. Bd. 1. Lizenzausgabe für KOMET Frechen. München: Kindler 1998, S. 314.

[3] Vgl. S. 48, 51f.

sich die Hoffnungen allerdings noch zerschlagen haben (vgl. VIII/V. 21–44).

Preußenkritik auf höchster Ebene

Im Schlusskapitel erreicht die immer wieder aufwallende Kritik an Preußen das Machtzentrum, den König. Der Erzähler verspottet ihn aber nicht satirisch, sondern gibt ihm einen wohlmeinenden Rat, den er bis zur Drohung verschärft. Wie am Ende des Eingangskapitels verfügt er über neue Kraft (vgl. I/V. 71–76). Nun fühlt er sich sogar stark genug, sich gegen den mächtigsten Herrscher in Deutschland zu verteidigen.

Einsatz des Dichters für eine humane Welt

Im ersten und letzten Caput schildert der Erzähler begeistert, wie er sich für Freiheit, Wahrheit und gleiche Lebensbedingungen in einer humanen Welt einsetzt, in der es keine Standesunterschiede mehr gibt. Sein neues Lied richtet er an die nächste Generation, bei der es Anerkennung finden werde. Eingangs- und Schlusskapitel umreißen das Selbstverständnis und Programm des politischen Dichters. Sie bilden den fest verankerten Rahmen im emotionalen, historischen und politischen Auf und Ab der Reiseerzählung.

Hintergründe

Europa, Frankreich und Deutschland in der ersten Hälfte des 19. Jahrhunderts

Kennzeichen der Epoche

Die Jahrzehnte vom Wiener Kongress 1814/15 bis zur Jahrhundertmitte werden als Zeitalter der „Revolution und Restauration" zusammengefasst. Der erste Begriff benennt den Kampf um eine radikale Umgestaltung des Staats auf der Grundlage eines neuen Menschenbildes, der zweite das Beharren auf der bestehenden Machtverteilung und den Standesunterschieden. Diese gegensätzlichen Bestrebungen prägen die Epoche, in der sich auch weitreichende technische und wirtschaftliche Veränderungen abzeichnen, beispielsweise neue Transportmöglichkeiten durch die Eisenbahn, der Abbau von Berufs- und Zollschranken oder die Industrialisierung.

Revolution und Restauration

Technischer Fortschritt und wirtschaftliche Veränderungen

Voraussetzungen: Aufklärung und Französische Revolution

Die politischen Umwälzungen kamen durch die Französische Revolution in Gang und wurden durch die Aufklärung vorbereitet. Diese ermutigte die Menschen, ihren Verstand zu gebrauchen und sich Bevormundung, Vorurteilen und Autoritäten, die sich auf Gott berufen, zu widersetzen. Das selbstständige Denken stellte insbesondere Fürsten „von Gottes Gnaden" und religiöse Offenbarungen infrage. Außerdem führte es zu der Erkenntnis, dass alle Menschen von Geburt an gleiche Rechte und Würde besitzen, die der Staat achten muss. Am 26. August 1789 beschließt die französische Nationalversammlung die „Erklärung der Menschenrechte". In ihr werden die Freiheit und Gleichheit von Personen, das Recht auf Eigentum und freie Meinungsäußerung,

Gebrauch des eigenen Verstandes

Erklärung der Menschenrechte durch die französische Nationalversammlung die vom Volk ausgehende Staatsgewalt, die Gewaltenteilung, Gesetze als Grundlage des staatlichen Handelns, die Unschuldsvermutung und die Kontrolle der staatlichen Ausgaben durch die Bürger oder ihre Vertreter festgestellt. Für

Herausforderung der absolutistischen Monarchie durch das Bürgertum

diese Menschenrechtserklärung hatte sich das Bürgertum, der dritte Stand, eingesetzt, der wohlhabend und gebildet, aber von der Macht ausgeschlossen war. Diese lag formal in den Händen eines absolutistischen Monarchen an der Spitze einer Ständegesellschaft, in der Rechte und Positionen von der Herkunft abhingen. In Wirklichkeit musste sich der Herrscher aber oft gegen konkurrierende Fürsten durchsetzen. Sie interessierten sich für ihr eigenes Territorium mehr

Vom Volk ausgehende Staatsgewalt, Verfassung und Nationalbewusstsein

als für den Gesamtstaat. Als die Staatsgewalt auf das Volk überging, wurden in einer Verfassung Grundsätze und Regeln festgelegt, wie Macht ausgeübt oder beschränkt werden sollte. An diese Verfassung mussten sich alle Organe, auch der König halten. Durch diese Veränderungen und die Notwendigkeit, die Neuerungen nach innen und außen zu verteidigen, entwickelte sich ein Nationalbewusstsein. Es verstärkte sich im 19. Jahrhundert, breitete sich in vielen Ländern Europas aus und wurde im 20. Jahrhundert in Deutschland vom Nationalsozialismus missbraucht. Das ausgeprägte Nationalbewusstsein steht bis heute einem Zusammenwachsen des Kontinents im Weg.

Konstitutionelle Monarchie

Anfangs versuchten die französischen Revolutionäre, den König durch die Verfassung in eine konstitutionelle[1] Monarchie einzubinden. Die zunehmende Radikalisierung und das Eingreifen anderer europäischer Staaten, insbesondere

Radikalisierung, Republik und Wohlfahrtsausschuss

Österreichs und Preußens, die den verfolgten Adligen helfen wollten, führten aber dazu, dass Ludwig XVI. und seine Frau Marie Antoinette inhaftiert und hingerichtet wurden. Frankreich bekam eine republikanische Verfassung, doch schließlich konzentrierte sich alle Macht im „Wohlfahrts-

[1] Vgl. die Anm. 1 auf S. 58.

ausschuss"[1], den Robespierre (1758–1794) beherrschte. Nach der diktatorischen Terrorherrschaft regierte ein schwaches fünfköpfiges bürgerliches Direktorium das Land. Die begonnenen Verteidigungskriege des Volksheers, das den angeworbenen Söldnertruppen der Monarchien überlegen war, gingen als Eroberungskriege weiter. In ihnen tat sich der ehrgeizige Napoleon Bonaparte als neuer starker Mann hervor.

Direktorium

Von Verteidigungs- zu Eroberungskriegen

Napoleons Herrschaft und ihre Auswirkungen in Deutschland

Der junge General, der einer Familie auf der Insel Korsika entstammt, schlug 1795 im Auftrag der Regierung einen Aufstand von Anhängern des Königshauses nieder und wurde dafür mit dem Oberbefehl über das französische Nationalheer in Italien belohnt. Dort siegte er und begründete die Vorherrschaft Frankreichs in Europa. Durch Volksabstimmungen bestätigt, übernahm er 1799 als Erster Konsul die ganze Macht und krönte sich 1804 selbst zum Kaiser. Als solcher war er also nicht durch seine Herkunft legitimiert, sondern, wie in der Revolution gefordert, durch das Volk, das ihm die Staatsgewalt übertrug. Weitere Siege Napoleons gegen Koalitionen europäischer Mächte festigten Frankreichs Vormachtstellung auf dem Kontinent und schwächten Preußen und Österreich. Das „alte Heil'ge Römische Reich" deutscher Nation zerfiel. Mit den Niederlagen in Russland (1812), in der Völkerschlacht bei Leipzig (1813) und bei Waterloo (1815) ging die Herrschaft Bonapartes über weite Teile Europas aber zu Ende. Er hat die Ideen der Französischen Revolution mit Gewalt verbreitet und umgesetzt, doch ebenso den Widerstand gegen die

Napoleon Bonaparte

Aufstieg als General

Erster Konsul und Kaiser

Frankreich als Vormacht auf dem europäischen Kontinent

Ende und Bedeutung von Napoleons Herrschaft

[1] In äußerst bedrohlicher Lage übte er 1793/94 die Regierungsgewalt als uneingeschränkte Schreckensherrschaft aus.

Fremdherrschaft geweckt, der sich auf das neue Nationalgefühl in den unterlegenen Ländern stützte.

Neuordnung Deutschlands

Von Deutschland verlangte Napoleon die Abtretung der linksrheinischen Gebiete, zu denen etwa die Kurpfalz, die geistlichen Kurfürstentümer Trier und Köln oder die freie Reichsstadt Aachen gehörten. Weltliche Fürsten wurden dadurch entschädigt, dass im Reichsdeputationshauptschluss fast alle geistlichen Territorien und Reichsstädte sowie die Besitzungen des reichsunmittelbaren Adels aufgelöst und aufgeteilt wurden. Dadurch vergrößerten sich einige Länder erheblich: Bayern und Württemberg wurden Königreiche, Baden und Berg mit der Hauptstadt Düsseldorf, wo Heine aufwuchs, Großherzogtümer. Mit dieser territorialen Neuordnung war die Gliederung des Deutschen Reichs von 1871 und der Bundesrepublik Deutschland von 1949 vorgezeichnet.

Niederlage und Schwächung Preußens

Preußen, das von der Gebietsreform am meisten profitierte, stellte sich aber weder auf die Seite Frankreichs noch auf die Österreichs und Russlands, sodass es isoliert 1806 in der Schlacht von Jena und Auerstädt Napoleons Truppen unterlag und über keinerlei Macht mehr verfügte. Im gleichen Jahr hatten sich 16 Fürstentümer, unter ihnen die aufgewerteten südlichen Länder und das Großherzogtum Berg, zum Rheinbund zusammengeschlossen. Die Mitglieder standen unter der Schutzherrschaft Napoleons, mussten Truppen für ihn stellen und bewirkten, dass der habsburgische Kaiser die deutsche Krone niederlegte.

Der Rheinbund und die Abdankung des habsburgischen Kaisers

Reformen nach französischem Vorbild

Die Rheinbundstaaten führten in der Gefolgschaft Frankreichs Reformen durch, die sich an der Liberalisierung und Demokratisierung im Land der Revolution orientierten. Für alle Einwohner galten nun gleiche Rechte und Steuersätze. Bauern waren keine Leibeigene mehr, an den Stand gebundene Einrichtungen wurden aufgelöst, Gewerbe-, Berufs- und Religionsfreiheit garantiert, zentrale, einheitliche und fachlich strukturierte Behörden geschaffen sowie

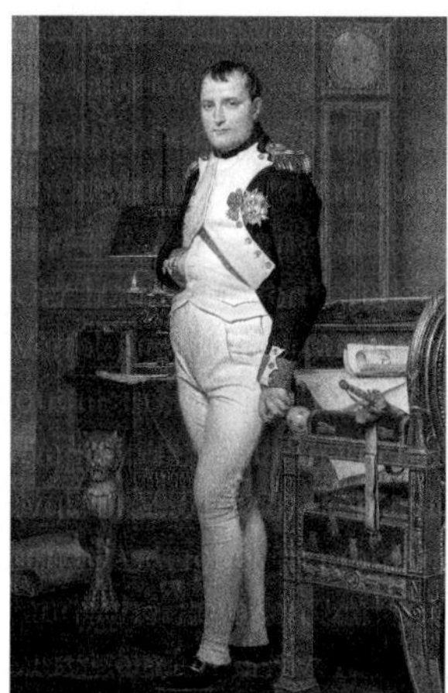

Napoleon, 1808 – 1809 Großherzog von Berg, 1808 – 1813 Regent von Berg, 1806 – 1813 Protektor des Rheinbundes

Schulen und Kirchen staatlich beaufsichtigt.

Das vor 1806 bayrische Großherzogtum Berg wurde zeitweise von Napoleon selbst regiert, der 1811 Düsseldorf besuchte. Heine erlebte dessen Einzug in die Stadt im Alter von 13 Jahren und beschreibt ihn im „Buch le Grand". Das 8. Kapitel beginnt mit der Begeisterung des Ich-Erzählers: „Aber, wie ward mir erst, als ich ihn selber sah, mit hochbegnadigten, eignen Augen, ihn selber, Hosianna! den Kaiser."[1] Napoleon verkörpert für den Dichter die Freiheit und die Ideale der Französischen Revolution (vgl. Caput VIII/V. 45–68), ihm verdankt er die – teilweise – Emanzipation der Juden. Das Großherzogtum sollte zum Vorbild für die anderen Rheinbundstaaten werden. Mit der Einführung des Code civil und des Code penal wurden das Zivil- und Strafrecht erneuert sowie durch organisatorische Änderungen Rechtsprechung und Verwaltung nach dem Prinzip der Gewaltenteilung getrennt.

Heines Begeisterung für Napoleon

Neues Zivil- und Strafrecht

Preußische Reformen und Nationalbewusstsein

In Preußen zielten die Reformen des Freiherrn von Stein und anderen zum Teil in ähnliche Richtungen wie in den Rheinbundstaaten. Was das französische Volk in einer Revolution von unten erzwang, sollte in der absolutistischen Monarchie von oben verordnet werden. Die Reformer gingen da-

[1] DHA 6, S. 193.

Mitverantwortung der Untertanen

von aus, dass der Staat die Mitverantwortung seiner Untertanen und ihr Pflichtbewusstsein brauche. Deshalb übertrugen sie die Verwaltung der Städte den Einwohnern, die über ein bestimmtes Einkommen verfügten. Ein Volksheer, das sich aufseiten Frankreichs seit der Revolution als überlegen erwiesen hatte, ersetzte die Söldnertruppen. Zu diesem Zweck wurde die allgemeine Wehrpflicht eingeführt.

Allgemeine Wehrpflicht

Aus dem individuellen und politischen Freiheitsdrang der Aufklärung entwickelte sich während der Revolution in Frankreich, aber auch in England und Spanien ein nationales Bewusstsein. In Deutschland entsteht ein solches Einigkeitsgefühl wegen der staatlichen Zersplitterung erst im Kampf gegen die Herrschaft Napoleons. Dennoch ist vor allem durch die deutsche Literatur seit Mitte des 18. Jahrhunderts unter den Gebildeten die Einsicht gewachsen, kulturell zusammenzugehören. Gotthold Ephraim Lessing (1729–1781), einer der wichtigsten Autoren der Aufklärung, sprach sich gegen den französischen Klassizismus und für Shakespeare (1564–1616) aus, dem die Dichter im Sturm und Drang nacheiferten. Johann Gottfried Herder (1744–1803) erkannte in der Sprache und in den Liedern der Völker deren Eigenart und bereitete damit der Romantik den Boden. In der Klassik distanzierten sich Goethe und Schiller von den Gewaltexzessen der Französischen Revolution. Sie entwarfen ein Ideal der Harmonie von Geist und Körper, Pflicht und Neigung, das sich an der Natur und der griechischen Kunst orientierte, und wollten den Menschen dementsprechend veredeln. Gleichwohl empfand Schiller Sympathie für den gerechtfertigten Widerstand Einzelner oder ganzer Völker gegen Gewaltherrscher.

Kulturelles und nationales Zusammengehörigkeitsgefühl in Deutschland

Immanuel Kants (1724–1804), des maßgeblichen Aufklärungsphilosophen, kategorischer Imperativ, das eigene Handeln daran zu messen, ob es verallgemeinert werden könnte, reduzierte sich in Preußen zu einem strengen Pflichtbewusstsein im Dienst des Staates. Nach der preußi-

Verengung der idealistischen Moralphilosophie

schen Niederlage bei Jena und Auerstädt verlagerte sich die idealistische Philosophie[1] der moralischen Selbstbestimmung von der persönlichen auf die politische Ebene. Erst im Befreiungskampf gegen die französische Besatzung entstand auch in Deutschland ein Nationalbewusstsein, das die Forderung nach einem einheitlichen Staat und einer Verfassung einschloss. Die Hoch- oder Heidelberger Romantik[2] förderte das nationale Zusammengehörigkeitsgefühl. Im Unterschied zur Frühromantik beschränkte sie sich nicht auf Literatur und Philosophie, sondern suchte in Liedern, Märchen und Sagen die Vergangenheit des eigenen Volks und dessen Charakter zu erschließen. Staat und Recht eines Volks seien, so die zugrunde liegende Theorie, historisch gewachsen und in Deutschland aus der mittelalterlichen Ständeordnung hervorgegangen. An dieses Muster lehnten sich die politisch-gesellschaftlichen Strukturen in Preußen an, während mittel- und süddeutsche Staaten sich durch Verfassungen zu konstitutionellen Monarchien entwickelten. Die romantische Staatstheorie steht im Gegensatz zum Gleichheitsprinzip und zur Demokratie auf der Basis einer Verfassung, die sich in der Französischen Revolution gegen das „Ancien Régime"[3] durchsetzten. Dieser Kontrast erklärt, weshalb Heines Erzähler im „Wintermärchen" in erster Linie Preußen angreift und dessen mittelalterliches Gehabe verspottet. Denn er tritt konsequent für die revolutionären Errungenschaften ein und beklagt deren Verlust in Frankreich (vgl. V/V. 59–72, VIII/V. 41–44), vor allem aber Rückständigkeit und zerschlagene Hoffnungen in Deutschland.

Forderung nach einem einheitlichen Staat und einer Verfassung

Anknüpfung an die mittelalterliche Ständeordnung

Ursache für die Angriffe auf Preußen im „Wintermärchen"

---

[1] Vgl. die Anm. 1 auf S. 29.

[2] Siehe die Begriffserläuterungen auf S. 133f.

[3] alte und nicht mehr zeitgemäße Gesellschaftsordnung und Regierungsform in Frankreich vor 1789

Deutschland nach dem Wiener Kongress

Als 1813 die Franzosen Düsseldorf verließen und die Preußen einzogen, erlebte der junge Heine schon auf dem Gymnasium den Gegensatz zwischen altersgemäßer Geistesbildung durch gütige Priester und abstrakt-pedantische Erziehung durch weltliche Lehrer[1]. Das Großherzogtum Berg war nämlich nach Napoleons Niederlage in der Völkerschlacht bei Leipzig preußisch geworden. Auf dem Wiener Kongress (1814/15) wurde es der Rheinprovinz eingegliedert, durch die sich Preußen im Westen erheblich vergrößerte. Dieses herrschte damit über Gebiete, die ein Jahrzehnt lang von Frankreich dominiert wurden.[2] 1843 betrachtet der Dichter die Preußen auf seiner Deutschlandreise noch immer als Besatzer (vgl. VIII/V. 25–40).

Heines Heimat in preußischem Besitz

Der Wiener Kongress stellte auf Betreiben des Fürsten Metternich (1773–1859) und der Monarchien Russland, Österreich und Preußen die Staatenordnung auf dem europäischen Kontinent weitgehend wieder so her, wie sie vor der Französischen Revolution und der Herrschaft Napoleons bestand. Frankreich musste die linksrheinischen Gebiete abgeben, die zum größten Teil der neuen preußischen Rheinprovinz zugeschlagen wurden. Schon 1814 war der Bourbonenkönig Ludwig XVIII. (1755–1824) auf den Thron in Paris zurückgekehrt.

Wiederherstellung der alten Staatenordnung auf dem Wiener Kongress

In Deutschland hatte sich nach der Völkerschlacht bei Leipzig der Rheinbund aufgelöst. Seine Mitgliedsstaaten blieben jedoch – entgegen dem Grundsatz, den politischen Zustand vor 1792 wiederherzustellen – in der von Napoleon geschaffenen Form erhalten. Auch das alte kaiserliche Reich wurde nicht wiederbelebt, weil Preußen, Österreich und die Fürstentümer keine starke Zentralgewalt wollten. Stattdessen schlossen sie sich lose im Deutschen Bund zusammen, den

Erhaltung der Rheinbundstaaten in der von Napoleon geschaffenen Form

Der Deutsche Bund anstelle des Kaiserreichs

[1] Vgl. Geständnisse, DHA 15, S. 51.

[2] Vgl. die Karte auf S. 112f.

allein die Bundesversammlung repräsentierte, für die sich im Lauf der Jahre die Bezeichnung „Bundestag" einbürgerte. Dieses Gebilde entsprach aber in keiner Weise den Vorstellungen von einem einheitlichen deutschen Nationalstaat, wie sie im Freiheitskampf gegen Napoleon entstanden waren. Die „Heilige Allianz" aus Russland, Österreich und Preußen, der sich schließlich alle europäischen Mächte anschlossen, verpflichtete sich vielmehr, nationale, liberale und revolutionäre Bewegungen gemeinsam zu bekämpfen.

Bekämpfung nationaler und liberaler Bewegungen

Dennoch verbreitete sich das unliebsame Gedankengut an den Universitäten und in den Burschenschaften der Studenten, die Schwarz-Rot-Gold zu ihren Farben erklärten (vgl. XIV/V. 83 f.; XV/V. 29–32; Vorwort zum Einzeldruck). Diese erinnerten an die Uniformen der Lützower Jäger in den Befreiungskriegen. Als 1817 auf dem Wartburgfest Schriften, die für die Restauration Partei ergriffen, verbrannt wurden und 1819 ein Student den als Spion verdächtigten Dichter und russischen Staatsrat Kotzebue (1761–1819) erschoss, veranlasste Metternich die Karlsbader Beschlüsse. Die studentischen Vereinigungen wurden verboten, die Universitäten überwacht und kürzere Veröffentlichungen vorzensiert. Vor allem Preußen verfolgte sog. Demagogen streng, die sich für Freiheit, nationale Einheit und Verfassungen einsetzten, und stellte die begonnenen Reformen ein oder nahm sie sogar zurück.

Ausbreitung dieser Bewegungen an den Universitäten

Karlsbader Beschlüsse

Die Julirevolution 1830 in Frankreich und die Folgen in Deutschland

In Frankreich suchte Ludwig XVIII. einen Ausgleich zwischen dem privilegierten Adel und dem in der Revolution erstarkten Bürgertum, indem er mit der „Charte constitutionelle" eine Verfassung einführte. Sein Nachfolger Karl X. (1757–1836) stellte sich jedoch ganz auf die Seite von Adel und Klerus, was in der enttäuschten Bevölkerung eine nachträgliche Verherrlichung der Revolution und der Herrschaft

Ausgleichspolitik des Bourbonenkönigs Ludwig XVIII.

Julirevolution 1830 in Frankreich

Bürgerkönig Louis-Philippe

Napoleons zur Folge hatte. Als der König 1830 die Verfassung bricht, erheben sich in der Julirevolution Studenten und Arbeiter, die von übergelaufenen Truppen unterstützt werden. Karl X. flieht nach England und die von ihm verfassungswidrig aufgelöste Abgeordnetenkammer wählt Louis-Philippe von Orléans zum neuen „Bürgerkönig". Dieser ist damit nicht durch seine Herkunft, sondern durch den Willen des Volks legitimiert; die Trikolore ersetzt das Lilienbanner der Bourbonen. Im Großbürgertum, das wählen darf und den neuen König stützt, wächst der Reichtum und die Industrialisierung setzt ein. Kleinbürger und Arbeiter fühlten sich jedoch benachteiligt, scharten sich um Republikaner und Sozialisten und forderten das allgemeine Wahlrecht. Demgegenüber verlangten die entmachteten Stände die Rückkehr der Bourbonen. In diesem Gemisch aus unterschiedlichen Interessen hält sich Louis-Philippe bis 1848 auf dem Thron. Paris erlebt gesellschaftlich glanzvolle Jahre. Viele deutsche Schriftsteller und Gelehrte zieht es in die französische Hauptstadt, wo sich Weltgeschichte abspielt. Auch Heine setzt nach der dreitägigen Julirevolution, die in seinen Augen den Umsturz von 1789 weiterführt, einen bereits länger bestehenden Plan in die Tat um und übersiedelt 1831 nach Paris. Am Schluss der Reisebilder kleidet er seine Begeisterung für die Stadt in ein biblisches Bild: „Paris ist das neue Jerusalem,

Louis-Philippe
Karikatur von Honoré Daumier

Paris als politisches und gesellschaftliches Zentrum der Welt

Heines Begeisterung für die Stadt

und der Rhein ist der Jordan, der das geweihte Land der Freiheit trennt von dem Lande der Philister."[1]

Auswirkungen der Julirevolution in anderen europäischen Staaten

Die Julirevolution löst in anderen Teilen Europas Aufstände aus, etwa in Belgien, das unabhängig wird, in Italien, wo sich der Widerstand in den Untergrund verlagert, oder in Polen, wo er niedergeschlagen wird. In Deutschland erzwingt das Volk in nördlichen und östlichen Staaten Verfassungen, in den südlichen werden liberale und nationale Stimmen lauter.

Heine als Dichter des „Jungen Deutschland"

Heine trägt neben anderen Schriftstellern, die von ihren Gegnern mit dem Begriff „Junges Deutschland"[2] bezeichnet werden, durch Zeitungsartikel aus Paris wesentlich dazu bei, dass sich die Ideen von Freiheit, Demokratie und Weltbürgertum in seinem Heimatland verbreiten. Anders als die Dichter der Klassik und Romantik mischte er sich engagiert in politische Auseinandersetzungen ein.

Hambacher Fest

Auf dem Hambacher Fest versammelten sich 1832 Zehntausende zu einer Kundgebung für die Einheit Deutschlands und die Freiheit aller Völker. Den Reden folgten aber keine Taten. Im Gegenteil: Die Fürsten

Der Zug zum Hambacher Fest

[1] DHA 7/I, S. 269. Philister: deutsche Spießbürger

[2] Siehe die Begriffserläuterungen auf S. 134f.

Veröffentlichungsverbot für die Schriftsteller des „Jungen Deutschland"

Entgegenkommen und Verweigerung des preußischen Königs Friedrich Wilhelm IV.

Deutscher Zollverein

wehren sich noch massiver gegen liberales und nationales Denken. Die Bundesversammlung beschließt 1835, dass die Schriftsteller des „Jungen Deutschland" nicht mehr veröffentlichen dürfen. Der neue preußische König Friedrich Wilhelm IV. kam den vor 1840 verfolgten „Demagogen" und nationalen Stimmungen im Volk zwar entgegen, hielt jedoch an dem mittelalterlichen Ständestaat fest und verweigerte sich einer versprochenen Verfassung und der Demokratie. Aus wirtschaftlicher Notwendigkeit setzte sich Preußen aber schon in den vorausgehenden Jahrzehnten für die Abschaffung von Zöllen ein, um Waren zwischen seinen Landesteilen ungehindert transportieren zu können. 1834 entstand unter seiner Führung der Deutsche Zollverein, in dem viele eine Vorstufe eines geeinten Reichs sahen (vgl. II/V. 29–44).

Die Revolutionen 1848 und ihr Scheitern

1848: Zwei Revolutionen in Frankreich

I. Februarrevolution

II. Junirevolution des einfachen Volks

1848 ereignete sich in Frankreich eine weitere Revolution, die auf andere europäische Länder ausstrahlte. Sie fand in zwei Phasen statt: In einer ersten erreichen aufständische Studenten, Arbeiter und Nationalgardisten im Februar, dass der Bürgerkönig abdankt, die Republik ausgerufen und das allgemeine Wahlrecht eingeführt wird. Die Regierung hatte eine der Reformversammlungen, deren Teilnehmer das stark eingeschränkte Wahlrecht erweitern wollten, verboten. Außerdem hatten eine Hungersnot sowie Skandale und Korruption in der bürgerlichen Oberschicht die revolutionäre Stimmung angeheizt. Im Parteienstreit verschärft sich der Gegensatz zwischen Bürgertum, das bei Wahlen zur Nationalversammlung die Mehrheit gewinnt, und Arbeiterschaft, die einen radikalen Sozialismus vertritt. Als sich der „vierte Stand", die Arbeiter und ärmeren Schichten, in einer zweiten Phase der Revolution im Juni zum ersten Mal in Europa erhebt, weil Nationalwerkstätten für Arbeitslose geschlossen werden, beenden Truppen den Aufstand mit brutaler Gewalt. Die verunsicherte Bevölkerung wählt Louis Napoléon (1808–1873), einen Neffen Bonapartes, zum Präsidenten. 1851 löst er die Nationalversammlung auf, weil sie seine Wiederwahl ablehnt, und lässt sich durch Volksabstimmung für 10 Jahre die Macht und 1852 die erbliche Kaiserwürde übertragen. Die Monarchie endet 1870 nach der Schlacht bei Sedan, in der Frankreich von deutschen Truppen besiegt wurde.

Louis Napoléon als französischer Präsident und Kaiser

Die französische Februarrevolution griff schon im März 1848 auf Deutschland über, wo das Misstrauen gegen die Fürsten und ihre Regierungen sowie die Unzufriedenheit immer größer geworden waren. Unterschiedliche Oppositionsrichtungen fanden sich in dem Willen zusammen, die Bevormundung in einem freien und geeinten Reich zu beenden. In vielen Staaten brachen Aufstände aus, die mit Zugeständnissen der Regierungen endeten. Süddeutsche Abgeordnete initiierten ein Vorparlament, das eine verfassunggebende Nationalversammlung in der Frankfurter Paulskirche vorbereitete. In ihr kristallisierte sich eine kleindeutsche Lösung ohne Österreich mit dem preußischen König als deutschem Kaiser heraus. Da Friedrich Wilhelm IV. eine Krone aus den Händen des Volks jedoch ablehnte, scheiterte der erste Versuch, einen einheitlichen deutschen Staat auf der Grundlage einer Verfassung zu schaffen. Radikalerer Widerstand erhob sich in Baden, der Pfalz, Sachsen und im Rheinland, der aber überall von preußischen Truppen niedergeworfen wurde. Erst 1871 entstand durch Bismarck (1815–1898) das Deutsche Reich als konstitutionelle Monarchie, in der Preußen Kaiser und Kanzler stellte und die Volksvertretung nur wenig bewirken konnte. Die demokratische Kultur blieb in Deutschland bis zum Ende des Ersten Weltkriegs weit hinter den Idealen der Französischen Revolution zurück.

Übergreifen der Februarrevolution auf Deutschland

Zugeständnisse der Regierungen

Nationalversammlung in der Frankfurter Paulskirche

Scheitern des Versuchs, einen deutschen Verfassungsstaat zu bilden

Niederschlagung radikaler Erhebungen

Das Deutsche Reich von 1871 unter Vorherrschaft Preußens

Lebensstationen und Werk Heines

Kindheit und Jugend

Jüdische Herkunft

Heinrich Heine wurde am 13. Dezember 1797 als erster Sohn einer jüdischen Kaufmannsfamilie in Düsseldorf geboren. Seinen ursprünglichen Vornamen Harry änderte er erst 1825 beim Übertritt zum evangelischen Glauben, weil er sich dadurch größere berufliche Chancen versprach. In seinen Memoiren blickt der Dichter auf die frühen Jahre zurück: „[I]ch bin geboren zu Ende des skeptischen achtzehnten Jahrhunderts und in einer Stadt, wo zur Zeit meiner Kindheit nicht bloß die Franzosen, sondern auch der französische Geist herrschte."[1] Nachdem jüdische Kinder Zugang zu christlichen Schulen erhalten hatten, besuchte er nach der Grundschule und einer Vorbereitungsklasse 1810 bis 1814 das Lyzeum, ein Gymnasium nach französischem Vorbild, das er ohne Reifeprüfung verließ. Paradoxerweise brachten ihm Priester das freie Denken der Aufklärung bei, für das er sich sein ganzes Leben lang ebenso konsequent einsetzte, wie er unumstößliche Glaubenssätze und unerschütterliche Meinungen ablehnte.

Heinrich Heine. Zeichnung von Franz Theodor Kugler: „So sah ich aus heute Morgen den 6ten April 1829. H. Heine"

Französischer Einfluss in Düsseldorf

Schulzeit

Flucht vor Anpassungsdruck

In einer Zeit, in der Juden noch immer ausgegrenzt wurden, drängte Heines Mutter den Sohn zur Anpassung als Voraussetzung für sozialen Aufstieg. Vor diesen Ansprü-

[1] DHA 15, S. 61. Zu den wechselnden Herrschern im Großherzogtum Berg mit der Hauptstadt Düsseldorf vgl. S. 92f., 96.

chen flieht er in Traumwelten, in die Literatur und in die Liebe zu der rotlockigen Josepha Edel, der Tochter einer Scharfrichterfamilie, die außerhalb der Gesellschaft leben musste. Durch das „rote Sefchen" lernt der Jugendliche – anders als der Erzähler des „Wintermärchens", der sich auf seine Amme beruft (vgl. XIV/V. 6, 21 – 28, 50) – Volkslieder kennen und fängt an, selbst zu dichten: „Sie wusste viele alte Volkslieder und hat vielleicht bei mir den Sinn für diese Gattung geweckt, wie sie gewiss den größten Einfluss auf den erwachenden Poeten übte".[1] Wenn er Josepha küsst, lehnt sich schon der junge Heine gegen die Zumutungen einer oft feindseligen Gesellschaft auf: „[I]ch küsste sie nicht bloß aus zärtlicher Neigung, sondern auch aus Hohn gegen die alte Gesellschaft und alle ihre dunklen Vorurteile, und in diesem Augenblick loderten in mir auf die ersten Flammen jener zwei Passionen[2], welchen mein späteres Leben gewidmet blieb, die Liebe für schöne Frauen und die Liebe für die Französische Revolution."[3]

Das „rote Sefchen"

Liebe und Auflehnung

Solche Neigungen passten nicht zum Ehrgeiz der Familie. Heine musste eine Handelsschule besuchen und zweimal eine kaufmännische Lehre beginnen, die er jeweils abbrach. Schließlich nahm ihn 1816 der reiche Hamburger Onkel Salomon Heine in seine Obhut, der ihm in seiner Bank eine weitere Ausbildung ermöglichte und ihm sogar eine eigene Firma einrichtete. Auch diese Versuche scheiterten jedoch. Und Harrys Liebe zu seiner Cousine Amalie blieb unerwidert, was seine Fremdheitsgefühle ebenso verstärkte, wie es sein Selbstbewusstsein als Dichter förderte. Zahlreiche Gedichte des jungen Heine kreisen um die Liebe, ihre Einseitigkeit und ihre zerstörerische Kraft. Viele wurden oft mehrfach vertont, unter ihnen das berühmte

Abgebrochene kaufmännische Ausbildungen

Unerwiderte Liebe als Thema in frühen Gedichten

[1] Memoiren. DHA 15, S. 93.
[2] hier: Leidenschaften
[3] Memoiren. DHA 15, S. 99.

Loreley-Lied mit den Anfangsversen „Ich weiß nicht, was soll es bedeuten,/Dass ich so traurig bin". 1827 erschien die Gedichtsammlung „Buch der Lieder", durch die Heine zu einem der bedeutendsten Lyriker nicht nur der deutschen Sprache, sondern der ganzen Welt wurde.

„Buch der Lieder"

Studium – berufliche Orientierung – frühe Werke

Jurastudium

Vorher aber, im Herbst 1819, schreibt er sich nach einer Aufnahmeprüfung in Bonn für ein Jurastudium ein, das der Onkel finanziert, der die Familie unterstützt. Sie war nach der Auflösung der Tuchhandlung des Vaters, in der sich hohe Schulden angehäuft hatten, in die Nähe von Hamburg gezogen. Literatur, Geschichte und Philosophie interessierten Heine jedoch mehr als das Recht. 1820 wechselte er an die Universität Göttingen, die er nach wenigen Monaten wegen einer Duellaffäre wieder verlassen musste. 1821 bis 1823 setzte er das Studium in Berlin fort. Dort trat er in den „Verein für Kultur und Wissenschaft der Juden" ein, dessen Mitglieder Anhänger der Aufklärung waren. Er befreundet sich mit dem Ehepaar Varnhagen von Ense, um das sich Künstler und andere Intellektuelle versammelten.

Beschäftigung mit Hegels Geschichtsphilosophie

Zu ihnen gehört Georg Wilhelm Friedrich Hegel (1770–1831), von dessen Geschichtsphilosophie Heine nachhaltig beeinflusst wurde. Der von dem Dichter angestrichene Leitsatz lautet: „Die Weltgeschichte ist der Fortschritt im Bewusstsein der Freiheit – ein Fortschritt, den wir in seiner Notwendigkeit zu erkennen haben."[1]

Anregendes geistiges Klima und staatliche Überwachung in Berlin

In dem anregenden geistigen Klima der Großstadt schreibt der Student erste Zeitungsartikel, in denen er über das Berliner Gesellschaftsleben oder eine Polenreise berichtet, die er 1822 unternimmt. Er veröffentlicht Gedichte und zwei

---

[1] Georg Wilhelm Friedrich Hegel: Vorlesungen über die Philosophie der Geschichte. In: ders.: Werke in zwanzig Bänden. Auf der Grundlage der Werke von 1832–1845 neu edierte Ausgabe. Redaktion Eva Moldenhauer und Karl Markus Michel. Bd. 12. Frankfurt am Main 1970, S. 32.

Dramen. In der preußischen Hauptstadt sieht er sich aber auch mit unangenehmen Erscheinungen konfrontiert: einer strengen Zensur, der Überwachung der Universität und ihrer Studenten sowie einer rückwärtsgewandten, freiheitsfeindlichen Staatsrechtsphilosophie.

Nach Aufenthalten in Lüneburg, wo die Eltern vorübergehend wohnen und er deshalb mehrfach weilt, Hamburg und Cuxhaven kehrt Heine Anfang 1824 an die Universität Göttingen zurück und beendet das Studium 1825 mit dem Doktortitel in Jura. Außerdem arbeitet er in dieser Zeit an dem historischen Roman „Der Rabbi von Bacherach", der das Leben und die Verfolgung der Juden thematisiert und Fragment bleibt. Im Herbst 1824 wandert er durch den Harz und besucht Goethe in Weimar, dem der junge Dichter aber fremd bleibt. Heine schildert die Erlebnisse auf der Wanderung in der „Harzreise (1826)", deren Prosatext Gedichte ergänzen. Seine Abneigung gegen Göttingen und die Universität kleidet er darin in beißenden Spott: „Im Allgemeinen werden die Bewohner Göttingens eingeteilt in Studenten, Professoren, Philister und Vieh; welche vier Stände doch nichts weniger als streng geschieden sind. Der Viehstand ist der bedeutendste."[1]

Beendigung des Studiums

Harzwanderung und Besuch bei Goethe

Die Hoffnungen des Dichters, beruflich Fuß zu fassen, zerschlagen sich: als Anwalt oder Rechtsvertreter der Hansestadt in Hamburg, als Redakteur oder Professor in München. Er bereist England und Norditalien, und kränkelnd erholt er sich auf den Nordseeinseln Norderney und Helgoland. Diese Aufenthalte inspirieren Heine zu Gedichten und zeitkritischen Prosaschilderungen. Sie erscheinen zum größten Teil zusammen mit früheren Texten in lyrischer und ungebundener Sprache als „Reisebilder" (1826–1831) in mehreren Bänden. Der zweite Band enthält die Erzählung „Ideen. Das Buch Le Grand" (1827) mit Kindheits-

Zerschlagene berufliche Hoffnungen

Reisen und Erholungsaufenthalte

Reisebilder

[1] DHA 6, S. 84.

und Jugenderinnerungen an einen französischen Trommler dieses Namens, der in der Wohnung von Heines Eltern einquartiert war, und an den Einzug Napoleons in Düsseldorf.

Zusammenarbeit mit dem Verleger Campe

Die „Reisebilder" begründen 1826 die lebenslange Zusammenarbeit mit dem Verleger Julius Campe, der Bücher von kritischen Schriftstellern veröffentlicht und die Auseinandersetzung mit den Zensurbehörden nicht scheut. Die Beziehung des Verlegers zu seinem Autor übersteht Zeiten erheblicher Spannungen, doch trotz der Honorare bleibt der Dichter immer auf die Unterstützung des Onkels angewiesen.

Freier Schriftsteller in Paris

Begeisterung über die Julirevolution 1830 in Frankreich

In beruflich aussichtsloser Lage nimmt Heine während eines zweimonatigen Kuraufenthalts auf der Insel Helgoland die Nachricht von der Julirevolution 1830 in Frankreich mit Begeisterung auf. „[D]as dicke Zeitungspaket mit den warmen, glühend heißen Neuigkeiten vom festen Lande" enthält für ihn „Sonnenstrahlen [...], und sie entflammten meine Seele bis zum wildesten Brand." Sie beenden eine Identitätskrise: „Ich weiß jetzt wieder, was ich will, was ich soll, was ich muss ... Ich bin der Sohn der Revolution."[1] Er entschließt sich, als freier Schriftsteller in Paris zu leben, und reist im Mai 1831 in die „Hauptstadt des 19. Jahrhunderts", wie Walter Benjamin[2] die Metropole an der Seine nennt.

In Paris, der „Hauptstadt des 19. Jahrhunderts"

Weltgewandt, gebildet, geistreich und sprachbegabt findet der Dichter schnell Zugang zu angesehenen Kreisen, die ihn gern in ihrer Mitte wissen. Neben vielen anderen berühmten Personen lernt er die französischen Dichter Victor Hugo (1802–1885) und Honoré de Balzac (1799–1850), die Komponisten Gioacchino Rossini (1792–1868) und Frédéric

Bekanntschaft mit berühmten Personen

[1] Helgolandbriefe vom 6. und 10. August 1830 im Buch über Ludwig Börne. DHA 11, S. 48, 50.

[2] jüdischer Literaturkritiker und -wissenschaftler (1892–1940), der sich zum Marxismus bekannte

Paris: Galerie d'Orléans im Palais Royal, 1840. Dort hielt sich Heine gern auf.

Chopin (1810–1849) sowie den General La Fayette (1757–1834) und den Ministerpräsidenten Adolphe Thiers (1797–1877) kennen und verkehrt im Haus des reichen Bankiers James Mayer Rothschild (1792–1868). Er genießt das reiche und vielseitige kulturelle und sinnenfrohe Leben in Paris, fühlt sich aber gleichzeitig von der sozialistischen Theorie der Saint-Simonisten[1] angesprochen. Sie bestätigt Heine in seiner Auffassung, dass das reiche Bürgertum noch mehr als der Geburtsadel dem Volk vorenthalte, was ihm wirtschaftlich und politisch zustehe. Der Dichter findet – im Gegensatz zu Deutschland – große Anerkennung, seine Werke werden ins Französische übersetzt und er fühlt sich wohl „wie ein Fisch im Wasser".[2]

Kulturelles und sinnenfrohes Leben

Entgegen dem Trend der Zeit nimmt sich der Schriftsteller vor, das Verständnis zwischen Franzosen und Deutschen zu

[1] Vgl. die Anm. 1 auf S. 18.

[2] Brief vom 24. Oktober 1832 an Ferdinand Hiller. Heine-Portal: Briefwechsel; www.hhp.uni-trier.de/Projekte/HHP/Projekte/HHP/briefe/01briefevon/chron/B1832/index_html?widthgiven=30&letterid=W21B0409&lineref=0&mode=1 [19.01.2017]

Förderung des Verständnisses zwischen Franzosen und Deutschen

verbessern. Einerseits berichtet er als Korrespondent deutscher Zeitungen über Politik, Gesellschaft und Kultur in der Stadt an der Seine, andererseits erläutert er den Franzosen die „Geschichte der Religion und Philosophie in Deutschland" und die „Romantische Schule". Hinter dem zweiten Titel verbirgt sich eine deutsche Literaturgeschichte von der Aufklärung bis zum Jungen Deutschland.[1]

Heines Ehefrau „Mathilde", geb. Crescence Augustine Mirat. Das Paar heiratete 1841 in der Kirche St. Sulpice.

Heines Frau „Mathilde"

Die Sommer verbringt Heine oft in der Normandie, manchmal auch in den Pyrenäen. 1834 verliebt er sich in die Schuhverkäuferin Crescence Augustine Mirat (1815–1883), die er Mathilde nennt. Sie ziehen bald zusammen und heiraten 1841 vor einem Duell, das der Dichter leicht verletzt übersteht. Seine finanziell prekäre Lage verschlechterte sich schon 1835, als der Bundestag des Deutschen Bundes seine Schriften in Preußen und anderen Mitgliedsstaaten verbot[2]. Dieser Beschluss und die Bindung an Mathilde bewogen ihn, auf Dauer in Paris zu bleiben.

Finanzielle Schwierigkeiten wegen des Verbots der Schriften in Deutschland

Deutschlandreisen, „Wintermärchen" und „Neue Gedichte"

Obwohl Heine gern in der liberalen, fortschrittlichen und zivilisierten Weltstadt Paris lebte, sehnte er sich nach seiner rückständigen Heimat, insbesondere nach seiner Mutter und den Verwandten in Hamburg, die von dem Großbrand

---

[1] Siehe die Begriffserläuterung auf S. 134f.

[2] Siehe die historischen Hintergründe auf S. 99f.

1842 betroffen waren. Außerdem wollte er die Geschäftsbeziehungen mit Campe neu regeln. Deshalb reist er im Herbst 1843 zum ersten Mal seit über zwölf Jahren nach Hamburg. Aus den Erlebnissen und Reflexionen in seinem Vaterland entsteht die Verserzählung „Deutschland. Ein Wintermärchen", die er unter Bezug auf frühere Veröffentlichungen als „versifizierte Reisebilder" bezeichnet. Sie erschienen ein Jahr später nach einem weiteren und letzten Besuch in der Hansestadt in dem Band „Neue Gedichte", der lyrische Texte aus den vergangenen Jahren versammelt, und als Einzeldruck. Unter den jüngeren, zum Teil sehr politischen Gedichten sind „Die schlesischen Weber" und „Nachtgedanken" die bekanntesten. Während der Arbeit am „Wintermärchen" steht Heine in Verbindung mit dem jungen Karl Marx[1] (1818–1883), der ebenfalls aus einer jüdischen Familie stammt, Jura studierte, ähnliche Vorlesungen hörte wie der Dichter und wie dieser seit April 1844 mit preußischem Haftbefehl gesucht wurde. Deshalb kann Heine bei seinem zweiten Deutschlandbesuch nicht, wie beabsichtigt, nach Berlin reisen, um alte Freunde zu treffen.

Deutschlandreise 1843 und die Entstehung des „Wintermärchens"

Verbindung zu dem jungen Karl Marx

Preußischer Haftbefehl

Persönliche und politische Katastrophe

Der Tod des reichen Onkels Ende 1844 löst einen langwierigen, zermürbenden Erbschaftsstreit um weitere finanzielle Unterstützung des Dichters aus. Er endet mit dessen Zugeständnis, nichts zu schreiben, was die Ehre des verstorbenen Gönners verletzen könnte. Heine fühlte sich nun nicht nur der staatlichen, sondern auch der verwandt-

Zermürbender Erbschaftsstreit

[1] Er begründete den wissenschaftlichen Sozialismus. Er bezog sich dabei auf Hegels dialektische Methode, die Ausgangspositionen Gegenthesen entgegenstellt und beide in einer Synthese vereint. Dessen Idealismus, nach dem das Bewusstsein das menschliche Sein bestimmt, stellt er den Materialismus gegenüber, der dieses Verhältnis umkehrt. Mit Friedrich Engels (1820–1895) verfasste er das „Kommunistische Manifest".

schaftlichen Zensur ausgeliefert.

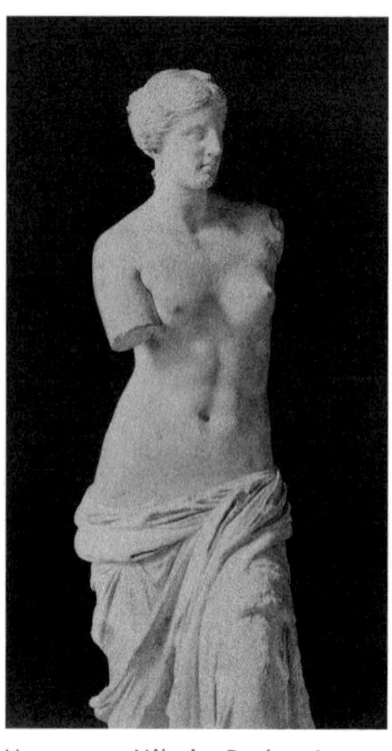
Venus von Milo im Pariser Louvre

Krankheit und Zusammenbruch

Die Krankheit, die Anfang der 1840er-Jahre mit Lähmungen im Gesicht begonnen hat, erfasst den ganzen Körper und führt zu einem Zusammenbruch im Louvre. Dieses einschneidende Ereignis beschreibt er im Nachwort zum „Romanzero", der Sammlung zwischen 1848 und 1851 entstandener Gedichte: „Es war im Mai 1848, an dem Tage, wo ich zum letzten Male ausging, als ich Abschied nahm von den holden Idolen, die ich angebetet in den Zeiten meines Glücks. Nur mit Mühe schleppte ich mich bis zum Louvre, und ich brach fast zusammen, als ich in den erhabenen Saal trat, wo die hochgebenedeite Göttin der Schönheit, Unsere liebe Frau von Milo, auf ihrem Postamente steht. Zu ihren Füßen lag ich lange und ich weinte so heftig, dass sich dessen ein Stein erbarmen musste. Auch schaute die Göttin mitleidig auf mich herab, doch zugleich so trostlos, als wollte sie sagen: Siehst du denn nicht, dass ich keine Arme habe und also nicht helfen kann?"[1]

Scheitern der Revolutionen 1848

Diese persönliche Katastrophe, die den Dichter die letzten acht Lebensjahre ans Bett, seine „Matratzengruft", fesselt, geht einher mit einer politischen: dem Scheitern der Revolutionen 1848 in Frankreich, Deutschland und Europa. Es bestätigt seine Zweifel an wahrer republikanischer Gesin-

[1] DHA 3/1, S. 181.

Heinrich Lefler: Elise Krinitz an Heines Krankenbett

nung in Frankreich und oppositioneller Kraft in Deutschland. Zu den Aufständen in Paris schweigt er, die Ereignisse in Deutschland kommentiert er mit lyrischem Spott. Durch Krankheit und politische Enttäuschung desillusioniert, überfällt ihn „himmlische[s] Heimweh“ nach religiösem Halt: „Ja, ich bin zurückgekehrt zu Gott, wie der verlorene Sohn, nachdem ich lange Zeit bei den Hegelianern die Schweine gehütet.“[1]

Religiöse Heimkehr

Trotz der körperlichen Leiden verfasst Heine weiter Gedichte, in denen er seine persönliche Lage ebenso wie die historische Situation nach dem Fehlschlag der Revolution thematisiert.

Autobiografische Schriften

Verbindung zu „Mouche“

Tod und Bestattung

Er schreibt autobiografische „Geständnisse“ und „Memoiren“ und arbeitet an einer französischen Ausgabe seiner Werke. Im letzten Lebensjahr ergibt sich eine enge geistige und emotionale Verbindung zwischen dem Schriftsteller und Elise Krinitz (1828–1896), die er „Mouche“ – Fliege – nennt. Sie liest ihm vor und hilft ihm bei der Übersetzung seiner Werke sowie beim Briefwechsel. Heine stirbt am 17. Februar 1856 und wird drei Tage später auf dem Friedhof Montmartre bestattet.

Tod und Bestattung

[1] DHA 3/1, S. 179. Vgl. das Gleichnis vom verlorenen Sohn in Lukas 15,11–32. Mit den Hegelianern sind die Sozialisten gemeint, die sich auf den Philosophen berufen.

Karte des nördlichen Deutschland zwische
mit den Reisestationen in der Verserzählu

1815 und 1866
„Deutschland. Ein Wintermärchen“

Themen und Motive im Reiseepos „Deutschland. Ein Wintermärchen"

Französische Revolution

Heines Lebensthemen im Reiseepos „Deutschland. Ein Wintermärchen"

Schöne Frauen und die Französische Revolution, denen Heine sein Leben widmet[1], spielen auch im „Wintermärchen" direkt und indirekt eine wichtige Rolle. Gleich im ersten Kapitel singt er das revolutionäre Lied der Freiheit, die sich in Europa ausbreitet, und der Gleichheit „alle[r] Menschenkinder", die satt werden und das Schöne mit Lust genießen können (I/V. 41–45). In der wehmütigen Erinnerung des Rheins an die Franzosen, die während der Revolutionskriege und der Herrschaft Napoleons das linke Ufer des Flusses besetzt hatten, schwingt Sympathie für deren Ideale mit (vgl. V/V. 39–45). Inzwischen aber, so der Besucher, sei die Begeisterung dafür im Nachbarland erloschen. Seine Bewohner hätten sich vielmehr aus der Politik ins Privatleben zurückgezogen (vgl. V/V. 59–72).

Freiheit und Gleichheit

Sympathie des Rheins für die Franzosen und ihre revolutionären Ideale

Aufbruchsstimmung in Mülheim nach der Julirevolution 1831 in Frankreich

Auf der Fahrt durch Mülheim denkt der Erzähler an die Zeit nach der Julirevolution 1831 zurück, mit der sich für Heine der Umsturz von 1789 fortsetzte und die ihn veranlasste, nach Paris zu ziehen. Damals schwappte die Aufbruchsstimmung auch nach Deutschland über. Im Rheinland machte sich Hoffnung auf Befreiung von den Preußen breit, die sich jedoch zerschlug. Deshalb wendet sich der Besucher jetzt an Kaiser Barbarossa im Kyffhäuser. Im Traum appelliert er an ihn, der „Mein Vaterland, mein deutsches Volk" befreien will, damit nicht länger zu warten: „Schlag los, du alter Geselle" (XV/V. 65–72). Wieder wach, gesteht er dem König sogar dessen mittelalterliches Reich zu, wenn er nur die verhassten Preußen verjage. Der revolutionäre Elan konzentriert sich vorübergehend auf die

Appell an Kaiser Barbarossa, Deutschland zu befreien

[1] Siehe Lebensstationen und Werk Heines auf S. 103.

Beseitigung der militärisch-politischen Vormacht in Deutschland.

Im Schlusskapitel erwartet der Erzähler Freiheit nicht mehr von einer gewaltsamen Revolution, sondern von einer zwangsläufigen Veränderung des Denkens und Verhaltens in einer neuen Generation, die das Anliegen des Dichters umsetzt (vgl. XXVII/V. 9–16). Deshalb kämpft er mit literarischen Mitteln, zu denen „Flammen und Waffen" sowie die Hölle als Gefängnis gehören (vgl. XXVII/V. 58, 77–88), für den „freie[n] Austausch von Gedanken und Meinungen" (vgl. im Gegensatz dazu XXVII/V. 41–52). Ihn hatte die Nationalversammlung zu Beginn der Französischen Revolution in Artikel XI zu „eine[m] der kostbarsten Menschenrechte" erklärt. Die als wohlmeinender Rat getarnte Drohung gegen den preußischen König (vgl. XXVII/V. 53–88) stellt deshalb eine revolutionäre Aktion des freiheitsliebenden Schriftstellers dar. Denn in Deutschland unter der Dominanz Preußens ist er mit der Zensur und dem Verbot von Büchern konfrontiert (vgl. II/8, 39–44; XIII/29–32; XXII/V. 25–32; XXV/V. 29–32; XXVI/V. 99–104).

Befreiung durch radikal geändertes Denken und Verhalten in der nächsten Generation

Meinungs- und Gedankenfreiheit

Preußen

Indem sich der Erzähler ironisch mit der Zensur auseinandersetzt, prangert Heine dieses Instrument an, mit dem die deutschen Staaten gegen die revolutionäre Errungenschaft der Meinungsfreiheit vorgehen. Für ihn ist Preußen der Hauptgegner, weil es die nördlichen Teile Deutschlands beherrscht[1] und sich Fortschritten entgegenstellt, die durch die Französische Revolution erreicht wurden. Indirekt ist also eines der beiden großen Lebensthemen des Dichters daran zu erkennen, dass er witzig und wütend alles angreift, was mit Preußen zu tun hat: die Zollbeamten (vgl. II/V. 3–28), den Zollverein (vgl. II/V. 29–44), die Soldaten und ihre Uni-

Zensur

Gegner des Fortschritts

Angriffe auf alles, was preußisch ist

[1] Vgl. die Landkarte auf S. 112f.

form (vgl. III/V. 15–60), das Adlerwappen (vgl. III/V. 61–76; XVIII/V. 53–60; XXI/V. 66–72), Berliner Zeitgenossen (vgl. XI), die Statthalter im Rheinland (vgl. VIII/V. 33–40), die Festung Minden (vgl. XVIII/V. 1–20) und sogar die Könige (vgl. XXVII/V. 33–88). Ebenfalls im Kontrast zeigt sich Heines Begeisterung für die Revolution, wenn er schildert, dass der Schwung erlahmt sei und das geistige Klima in Frankreich sich geändert habe (vgl. V/V. 57–72; VIII/V. 41–44), oder traurig die Überführung des toten Napoleon in den Invalidendom verfolgt (vgl. VIII/V. 45–68).

Revolutionäre Begeisterung im Kontrast

Deutschland

Schwacher Staatenbund

Mit Preußen eng verbunden ist das durch den Titel zentrale Thema „Deutschland", das nur als schwacher Staatenbund existierte[1]. Der neue König der maßgeblichen Macht, Friedrich Wilhelm IV., hatte sich zwar der nationalen Einigungsbewegung angeschlossen, an der alten Ständegesellschaft hielt er aber fest. Bürgerrechte und eine Verfassung lehnte er ab[2]. Deshalb verspottet Heines Erzähler alle Bemühungen, den Kölner Dom als Symbol eines einheitlichen Deutschland zu vollenden (vgl. IV/V. 49–76). Und er empört sich über einen eigennützigen oder unterwürfigen Patriotismus, der auf Freiheit und Gleichheit verzichtet (vgl. XXIV/V. 77–84 und das Vorwort zum Einzeldruck[3]). Ohne sie fehlt dem künftigen deutschen Staat unter der schwarz-rot-goldenen Fahne (vgl. XIV/V. 83f.; XV/V. 29–32; XVI/V. 89–92; Vorwort zum Einzeldruck[4]) aber die für den Dichter entscheidende Basis, die für ihn die Trikolore symbolisiert (vgl. VIII/V. 29f., 41–44). Deren Blau steht für Freiheit, Weiß für Gleichheit und Rot für Brüderlichkeit. Als Staatsform hält der Erzähler demgegenüber sowohl eine Republik

Einheit der Nation ohne Bürgerrechte

Spott und Empörung über falschen Patriotismus

Schwarz-rot-goldene Fahne und Trikolore

Republik oder Monarchie?

---

[1] Siehe die historischen Hintergründe auf S. 96f.
[2] Siehe ebd., S. 100.
[3] S. 123, Z. 9–124, Z. 26 in der Textausgabe.
[4] S. 123, Z. 9–24 in der Textausgabe.

(vgl. XVI/V. 85–89) als auch eine Monarchie für möglich (vgl. XVII/V. 20–48). Wenn er den Kaiser Barbarossa mitsamt dem mittelalterlichen Ständestaat zurückwünscht und nur kleine Zugeständnisse an das moderne Gleichheitsprinzip verlangt (vgl. XVII/V. 25–28), zeigt das nur seine weitaus größere abgrundtiefe Abneigung gegen Preußen.

Heimat als sinnlicher und menschlicher Erfahrungsraum

Jenseits solcher politischer Erwägungen ist Deutschland für Heine kein abstraktes Gebilde, sondern Heimat als Erfahrungsraum aus sinnlichen Eindrücken, Empfindungen, Erinnerungen und menschlichen Beziehungen. Landschaften, Städte, der Rhein und sogar verschlammte Wege und Pferdemist (vgl. VIII/V. 5–16) gehören ebenso dazu wie Speisen, Wein und Federbetten. Besonders fühlt er sich der Sprache und den in ihr überlieferten Liedern, Märchen und Sagen verbunden, die ihn in der Kindheit faszinierten (vgl. I/V. 9–12; XIV).

Verbundenheit mit der deutschen Sprache und volksnaher Literatur

Deutsche Vergangenheit und Zukunft

Satirische Auseinandersetzung

Zu Mitteln der politischen Satire[1] greift Heine wiederum, wenn sein Erzähler auf die deutsche Vergangenheit und Zukunft eingeht. Bewandert in Deutschlands Geschichte, spiegelt und entlarvt er, wie wichtige historische Stationen und Personen zur Glorifizierung der Nation missbraucht und Freiheitsrechte vorenthalten werden. Den Sieg des Germanenfürsten Hermann über die Römer im Jahre 9 n. Chr., der als Geburtsstunde der „deutsche[n] Nationalität" und Freiheit gilt (XI/V. 5–12), kommentiert er mit gespielter Erleichterung, um das Gegenteil auszudrücken. Indem er sich das gegenwärtige Deutschland und bekannte Preußen unter römischer Herrschaft vorstellt, prangert er Kulturlosigkeit und Rückständigkeit in seinem Vaterland an.

Hermanns Sieg über die Römer und Vorstellung des Gegenteils

Grab und Nachtstuhl Karls des Großen

In Aachen jagt die Grabstätte Karls des Großen, der als weiterer bedeutender Ahnherr Deutschlands gilt, dem Dichter

[1] Siehe die Begriffserläuterung auf S. 135 f.

keine Ehrfurcht ein, sondern er stellt den Untertanengeist in der Stadt bloß (vgl. III/V. 1–12). Im vorletzten Kapitel, wenn die Hamburger Stadtgöttin Hammonia von dem Kaiser, ihrem Vater, erzählt, dient ihr der Thron bei der Krönung nur als groteske Überleitung zu dessen Nachtstuhl, auf dem er seine Notdurft verrichtet. Die körperlichen Bedürfnisse verdrängen den Respekt vor dem Herrscher.

Kaiser Barbarossa als weltfremder Greis

Den nationalen Barbarossa-Kult entzaubert Heine, indem er den mittelalterlichen Kaiser im Traum des Erzählers als weltfremden und aufbrausenden Greis darstellt. Sauberkeit, Entlohnung und Pferdezahl beschäftigen ihn mehr als die Befreiung Deutschlands. Er kann die ihm zugeschriebenen Erwartungen niemals erfüllen.

Der unvollendete Kölner Dom als Sinnbild freien Denkens

Schließlich halten der Erzähler und Heine alle Mühen, den im Mittelalter begonnenen Kölner Dom zu vollenden, für vergeblich. Seit Luthers Reformation sei an der Kirche nicht weitergebaut worden, die das freie Denken bekämpfen und ein Sinnbild für die Einheit der deutschen Nation werden sollte. Diese Absicht verkehrt der Dichter ins Gegenteil: „Denn eben die Nichtvollendung/Macht ihn [den Dom] zum Denkmal von Deutschlands Kraft/Und protestantischer Sendung" (IV/V. 50–52).

Entsetzliche Zukunftsaussichten

Beim Blick in Deutschlands Zukunft, den er als „mein größtes Vergnügen" bezeichnet (XXV/V. 78), fällt der Erzähler durch den Gestank der Exkremente in Ohnmacht. Der Vergleich mit dem Ausmisten von 36 Gruben veranschaulicht auf drastische Weise die Ursache für die entsetzlichen Aussichten: Die deutschen Staaten behandeln die Menschen nach wie vor als unmündige Untertanen und nicht als Bürger, denen Rechte, Freiheiten und eine Verfassung zustehen. Diesen Missstand verdecken die Reden, Symbole und Projekte, die das Bewusstsein der nationalen Einheit stärken sollen. Dagegen wendet sich Heine deshalb besonders energisch.

Schöne Frauen

„Liebe für schöne Frauen"

Die zweite Leidenschaft Heines neben der Französischen Revolution, schöne Frauen, kommt im „Wintermärchen" eher am Rande oder indirekt zum Vorschein: Im Wirtshaus in Unna bedient den Erzähler „[e]in hübsches Mädchen" mit blonden, glänzenden Locken und „Augen sanft wie Mondschein" (X/V. 4–8). Es bildet den Mittelpunkt einer wärmenden romantischen Umgebung, in der sich der Gast wohlfühlt.

„Ein hübsches Mädchen" im Wirtshaus in Unna

In Hamburg löscht der Rheinwein beim Abendessen mit Campe die Angriffslust des Erzählers und stimmt ihn mild und harmonisch. Er empfindet „[d]er Menschenliebe Bedürfnis" und sucht, von schmerzlicher Sehnsucht erfasst, „in den Straßen" des Prostituiertenviertels „[n]ach zärtlich weißen Gewändern" einer Frau (XXIII/V. 45–56). Als er Hammonia begegnet, weiß sie von früher, was ihn antreibt: „Du suchst die schönen Seelen vielleicht,/Die dir so oft begegent/Und mit dir geschwärmt die Nacht hindurch,/In dieser schönen Gegend" (V. 81–84). Die zweimal genannte Schönheit steigert die Stadtgöttin durch eine Metapher und spricht von „holden Blumen", „[d]ie das junge Herz vergöttert;/Hier blühten sie" (V. 89–91). Sie desillusioniert den Besucher jedoch in seinem Verlangen, weil deren Schönheit inzwischen vergangen sei

Suche nach „schönen Seelen" in Hamburg

An ihrer statt lädt Hammonia den Dichter zu sich nach Hause ein. Er bemerkt in ihrem Gesicht zwar auch Merkmale des Schönen (vgl. XXIII/V. 62f.), denen aber andere entgegenstehen (vgl. XXIII/V. 61, 64). Wappenmütze, römischer Umhang, überdimensionaler Körperbau sowie Alkohol- und Liebesrausch verzerren die Frauengestalt grotesk. Dazu trägt bei, dass die Initiative zu der Beziehung von dem Erzähler auf die Göttin übergeht, die ihn liebt und heiraten will. Ihre Ansichten über die politische Lage in Deutschland widersprechen jedoch seiner Einschätzung,

Verzerrung des Schönheitsideals

und die Hochzeitsvision Hammonias endet mit körperlicher und literarischer Verstümmelung durch die Schere des Zensors. In der Episode mit der Stadtgöttin überlagern sich nicht nur der private und der staatliche Bereich, sondern sie parodiert die Liebe des Dichters zu schönen Frauen.

Weitere sinnliche Freuden

Speisen und Getränke

Sinnliche Freuden bereiten dem Erzähler auch Speisen und Getränke, was er mehrfach, manchmal sogar detailliert schildert (vgl. IV/V. 5–14; IX; XX; XXIII/V. 5–8, 25–44). Im Essen und Trinken erlebt er im Gegensatz zu den politischen Verhältnissen eine sympathische Seite Deutschlands. Außerdem fordert er in seinem Lied im ersten Kapitel, dass nicht nur Grundnahrungsmittel, sondern auch Leckerbissen nach dem Grundsatz der Gleichheit allen zur Verfügung stehen sollen. Indem er in seinen Aufruf auch „Rosen und Myrten, Schönheit und Lust" (I/V. 43) einschließt, dehnt er ihn auf alle sinnlichen Genüsse aus.

Irdische anstelle himmlischer Glückseligkeit

Der Dichter zieht die irdische der himmlischen Glückseligkeit vor. Das stellt er gleich zu Beginn des „Wintermärchens" klar, indem er dem „alte[n] Entsagungslied" (I/V. 25) des Harfenmädchens sein neues, besseres Lied entgegensetzt. Diese Haltung kommt nicht nur in seiner Freude an Speisen, rheinischem Wein und schönen Frauen zum Ausdruck, sondern auch in der Verspottung der deutschen Freiheitsträume in „höchsten Himmelsräumen" (VII/V. 14) oder in seinem Widerstand gegen religiöse und politische Symbole des meist kargen Mittelalters, die Preußen zu erneuern sucht.

Sensualismus und Spiritualismus

Vorrecht der Materie gegenüber dem Geist

Dem Gegensatz von Sinnengenuss und Entsagung liegt derjenige zwischen Sensualismus und Spiritualismus zugrunde, der Heine in den 1830er-Jahren in Paris beschäftigte. Der Sensualismus geht vom Vorrecht der Materie und des Körpers aus, der Spiritualismus dagegen von dem des Geistes. Daraus ergeben sich gegensätzliche Denk- und Verhaltensweisen. Für den Dichter hat der Sensualismus zeitbedingt „einen weitaus höheren Stellenwert, weil er die jahrhundertealte Unterdrückung der Materie und der leiblichen Ansprüche des Menschen zu beenden verspricht" und soziale Verbesserungen befördert.[1] Demgegenüber zeige sich der Spiritualismus „besonders im mittelalterlich-katholischen Typus des Christentums und den daraus abgeleiteten Kunstformen"[2]. Der Sozialwissenschaftler Saint-Simon[3], mit dessen revolutionärer Theorie Heine sympathisierte, führt die Gegensätze in seiner Hauptforderung zusammen: „Die ganze Gesellschaft muss für die Verbesserung des moralischen und materiellen Daseins der ärmsten Klassen arbeiten"[4]. Als Schüler Hegels und des deutschen Idealismus, für die das Bewusstsein und Ideen das Sein bestimmen, entfernt er sich von deren Voraussetzung und nähert sich Marx. Der Begründer des Kommunismus, mit dem der Dichter befreundet war, als das „Wintermärchen" entstand[5], kehrt die im Idealismus vertretene Annahme um und geht davon aus, dass das materielle Dasein das Bewusstsein bestimmt.

Zusammenführung der Gegensätze im Saint-Simonismus

Selbstverständnis als Dichter

Politische Ziele des Dichters

Heines Selbstverständnis als Dichter zielt wie das seines Erzählers darauf ab, Freiheit, Gleichheit und Wohlstand für alle Menschen zu erreichen (vgl. I/33–66) sowie Einstellungen, Maßnahmen und Zustände zu bekämpfen, die sie verhindern. Um die durch die Französische Revolution ein-

[1] Anmerkungen zur „Geschichte der Religion und Philosophie in Deutschland". DHA 8/2, S. 833 (zu S. 29, 11–12).
[2] Ebd.
[3] Vgl. die Anm. 1 auf S. 18.
[4] S. 161, Z. 15–19 in der Textausgabe.
[5] Siehe Lebensstationen und Werk Heines auf S. 109.

geleitete Entwicklung begleiten und inspirieren zu können, besteht er unerbittlich auf der uneingeschränkten Meinungsfreiheit. Dabei schreckt er vor der Konfrontation mit höchsten Autoritäten nicht zurück (vgl. XXVII/V. 53–88).

Literarische Qualität als Hauptsache

Heine versteht sich zwar als politischer Dichter, poetische Qualität ist für ihn aber die Hauptsache. Deshalb lehnt er nicht nur Gedichte patriotischer Eiferer wie Theodor Körner ab (vgl. III/V. 19f.), sondern auch die liberaler und radikaler Lyriker des Vormärz[1], die seinen künstlerischen Ansprüchen nicht genügen und die literarische Form der politischen Botschaft unterordnen. Zu ihnen gehören Ferdinand Freiligrath (vgl. XI/V. 27f., 55f.) und Hoffmann von Fallersleben, der Verfasser des „Deutschlandlieds" (vgl. II/V. 28).

Abweichen von strengen Parteigrundsätzen

Heines reiches Denk- und Erkenntnisvermögen erträgt es nicht, sich mit voller Überzeugung einer bestimmten Partei anzuschließen (vgl. XX/V. 49–56). Und weil er zudem aus Freude an den Genüssen des Lebens seine Ansichten nicht immer konsequent vertritt (vgl. XII/V. 41f.), sieht er sich Zweifeln und Verleumdungen vonseiten der „deutschen Revolutionäre"[2] ausgesetzt, die der Erzähler in der Rede an die Wölfe (vgl. XII) auszuräumen versucht. Aber auch dort bleibt offen, inwieweit er sein Bekenntnis zu ihnen durch Ironie nicht wieder einschränkt.

Vergeblichkeitssymbole

Der Sonnenaufgang bei Paderborn am nächsten Morgen erfreut den Reisenden nicht, sondern trübt seine Stimmung beim Gedanken an die Vergeblichkeit (vgl. XIII/V. 1–12). Da die Naturerscheinung als Symbol der Aufklärung gilt, für die sich Heine beharrlich einsetzt, liegt es nahe, in dem erfolglosen „Geschäft" der Sonne die politischen Rückschläge des Dichters gespiegelt zu sehen. Den gekreuzigten Christus bezeichnet er sogar wehmütig als „Vetter" (XIII/V. 18), der wie er die Welt erlösen wollte und

[1] Siehe die Begriffserläuterung „Junges Deutschland" auf S. 135.
[2] DHA 4, S. 1124.

gescheitert sei. Zweifel an der Aufgabe oder gar das Gefühl der Vergeblichkeit dürfen sich revolutionäre „Menschheitsretter“ aber nicht leisten (XIII/V. 17–20), weil sie ihre Tatkraft lähmen.

Auseinanderfallen von Denken und Handeln

Für den Dichter entsteht deshalb das Problem, wie sich sein Denken und Schreiben zum revolutionären Handeln verhalten. „In der stillen Mondnacht zu Köllen“ zeigt sich, dass Gedanke und Tat, „Geistesblitze“ und ihre Ausführung, Urteil und Vollstreckung getrennt sind (VI). Was der Erzähler denkt, verwirklicht eine andere Person: die geheimnisvolle, vermummte Gestalt mit einem Beil, die dem Spaziergänger durch die nächtliche Stadt folgt. Sie zerschlägt im Traum des Dichters die geschmückten Skelette der Heiligen Drei Könige, als dieser sie mit gewaltsamen Worten in ihr Grab jagt (vgl. VII/V. 77–80, 97–112). Die Aktion verselbstständigt sich also und ihr geistiger Urheber verliert die Verfügungsmacht. Die Gewalttat löst nicht nur Entsetzen bei ihm aus, sondern „Blutströme“ fließen aus seiner Brust (VII/V. 115f.), weil sein Herz schwer verwundet ist.

Diese Wirkung wirft die Frage auf, ob Gedanke und Tat nicht doch in eine Hand gehören. Davon ging Heine bis in die 1830er-Jahre aus. Gegen Ende des Jahrzehnts sah er jedoch ein, „dass die Verbindung von Denken und Handeln, Theorie und Praxis nicht von einem Einzelnen, sondern nur in Zusammenarbeit zu leisten sei […] Entsprechend begegnen [in seinem Werk] seitdem Doppelfiguren mit gleicher Zielrichtung, aber verteilten Rollen“[1]. Diese definiert der Dichter in der „Geschichte der Religion und Philosophie in Deutschland“ mit großem Selbstbewusstsein: Die „stolzen Männer der Tat“ seien „nichts als unbewusste Handlanger der Gedankenmänner, die oft in demütigster Stille Euch all Euer Tun aufs Bestimmteste vorgezeichnet haben. Maximili-

Rolle der Doppelfiguren

[1] DHA 4, S. 1113 (Erläuterungen).

an Robespierre[1] war nichts als die Hand von Jean Jaques [sic!] Rousseau[2], die blutige Hand“[3].

Das blutende Herz

Das Herz des Erzählers blutet nicht erst bei den Hieben auf die ehrwürdigen Skelette am Ende von Caput VII, sondern schon vorher beim ermüdenden Gehen zum Dom (vgl. VII/V. 37–40). An den Häusern wird das Blut zum Zeichen des Todes, wie es auch das Zerstörungswerk in der Drei-Königs-Kapelle begleitet. Die Skelette, der Dom, ja ganz Köln (vgl. IV/V. 17–20) symbolisieren „die Mächte der Vergangenheit“[4], die Heine beseitigen will, obwohl er ihr angehört. Seinen radikalen Gedanken traut er zu, die „kranke alte Welt aus ihren Betten [zu] jagen – es wird freilich mein Herz sehr bekümmern und ich selber werde dabei zu Schaden kommen! Denn ach! ich gehöre ja selber zu dieser kranken alten Welt“[5].

Heines Zerrissenheit und ihre literarischen Konsequenzen

Zerrissenheit des Individuums und der Welt

Individuelle Zerrissenheit und Gegensätze des Zeitalters

Heine empfindet in seiner individuellen Zerrissenheit die Gegensätze und Umbrüche seines Zeitalters[6]. Schon als Jugendlicher bekannte er sich zu den Zielen der Französi-

---

[1] Er beherrschte in der Terrorphase der Französischen Revolution 1793/94 den Wohlfahrtsausschuss und übte seine Macht gewaltsam aus. Vgl. S. 90f. und die Anm. auf S. 91.

[2] Französisch-schweizerischer Schriftsteller (1712–1778), dessen Ideen die Französische Revolution vorbereiteten. Er geht davon aus, dass die Menschen von Natur aus gut seien, und verlangt, dass staatliche Herrschaft durch einen Gesellschaftsvertrag (contrat social) selbstbestimmter und freier Bürger entstehen müsse.

[3] DHA 8/1, S. 80.

[4] DHA 4, S. 1115 (Erläuterungen).

[5] Zur Geschichte der Religion und Philosophie in Deutschland. DHA 8/1, S. 80.

[6] Siehe die historischen Hintergründe auf S. 89.

schen Revolution und erlebte die durch sie bewirkten Veränderungen in Düsseldorf.[1] Unbeirrt hält er lebenslang an den Idealen der Aufklärung fest, die den alten Herrschaftssystemen den Boden entzog. In seiner ersten Liebe zu dem „roten Sefchen", das am Rande der Gesellschaft lebte, begehrt er zugleich gegen „die alte Gesellschaft und alle ihre dunklen Vorurteile" auf.[2] Die Erwartungen seiner Familie erfüllt er weder als Kaufmann noch als Jurist. Unerwiderte Liebe, reaktionäre Politik sowie stumpfsinnige Studenten und Professoren an der Universität verstärken das Gefühl der Zerrissenheit und Fremdheit. Diese Empfindungen kommen in vielen seiner Gedichte zum Ausdruck, sodass Heine als Wegbereiter der modernen deutschen Literatur gilt. Im „Wintermärchen" zeigt sich die Fremdheit des Besuchers etwa in Aachen, Köln und Minden, besonders krass aber in Hamburg angesichts der Brandschäden und der veränderten oder vermissten Menschen. Das Zusammensein und die Gespräche mit der Stadtgöttin Hammonia bewegen sich dort gleichwohl in vertrauten Bahnen. Die Zerrissenheit des Erzählers offenbart sich am deutlichsten an seinem zwiespältigen Verhältnis zu Deutschland: Er liebt Speisen und Wein, Sprache und Volksliteratur, den Rhein und die Luft, über die politischen Zustände und die Geisteshaltung empört er sich aber.

Aufbegehren gegen die „alte Gesellschaft"

Wegbereiter der modernen deutschen Literatur

Fremdheit und Vertrautheit

Heine strebt kein harmonisches Schönheitsideal wie in der Klassik und Romantik an. Jene wollte den Menschen durch ästhetische Erziehung veredeln, diese ihn durch Abkehr von der Welt seiner Bestimmung zuführen. Beide Epochen suchten ihr Heil in der Distanz zur Wirklichkeit. Im „Wintermärchen" lassen sich aber wie bei der ersten Liebe seines Verfassers private und politische Aspekte nicht trennen, son-

Harmonie und Zerrissenheit in der Literatur

Vermischung privater und politscher Aspekte

[1] Siehe die historischen Hintergründe auf S. 92f. sowie Lebensstationen und Werk Heines auf S. 102f.

[2] Siehe Lebensstationen und Werk Heines auf S. 103.

Heine-Denkmal in Düsseldorf. Die zerstückelte Totenmaske symbolisiert die Zerrissenheit des Dichters.

Rechtfertigung gegenüber irritierten Lesern

dern sie greifen ineinander. Heine bildet die eigene Zerrissenheit und die seiner Zeit in seiner Dichtung ab, was seine Leserinnen und Leser irritiert. Diese messen seine Werke mit Maßstäben der Klassik und Romantik und werfen ihm künstlerisches Unvermögen vor. Er tritt den Kritikern mit dem Hinweis auf veränderte Zeiten entgegen: „Ach, teurer Leser, wenn du über jene Zerrissenheit klagen willst, so beklage lieber, dass die Welt selbst mitten entzweigerissen ist. Denn da das Herz des Dichters der Mittelpunkt der Welt ist, so musste es wohl in jetziger Zeit jämmerlich zerrissen werden. Wer von seinem Herzen rühmt, es sei ganz geblieben, der gesteht nur, dass er ein prosaisches, weitabgelegenes Winkelherz[1] hat. Durch das meinige ging aber der große Weltriss, und eben deswegen weiß ich, dass die großen Götter mich vor vielen anderen hoch begnadigt und des Dichtermärtyrtums würdig geachtet haben."[2] Hei-

[1] das Herz eines empfindungslosen Menschen, der den Zustand der Welt nicht wahrnimmt

[2] Reisebilder. Dritter Teil. Italien 1828: II. Die Bäder von Lucca. DHA 7/1, S. 95.

nes Herz zerreißt deshalb, weil Klassik und Romantik in dem Dichter weiterleben, die Zeitumstände ihn aber zwingen, sich darüber hinwegzusetzen. Während die Vertreter jener Epochen oft den „Mächte[n] der Vergangenheit"[1] nahestanden und aktuelle politische Themen eher mieden, macht Heine diese zu einem Schwerpunkt seines Werks, um die „kranke alte Welt"[2] durch eine bessere neue (vgl. I/V. 33, 53, 66, XXVII/V. 5–16) zu ersetzen.

Politik und Dichtung

Heines gespaltenes Verhältnis zur Romantik

Eklatant tritt Heines Zerrissenheit in seinem Verhältnis zur Romantik zutage. In den zwei Jahre vor seinem Tod niedergeschriebenen „Geständnissen" bezeichnet er den Begriff „romantique défroqué" – entlaufener Romantiker – als „treffend", mit dem ihn ein Franzose charakterisiert hatte. In der eigenen Begründung bestimmt er seinen literaturgeschichtlichen Standort: „Trotz meiner exterminatorischen[3] Feldzüge gegen die Romantik blieb ich doch selbst immer ein Romantiker, und ich war es in einem höheren Grade, als ich selbst ahnte. […] Ich weiß, […], ich bin ihr letzter Dichter: Mit mir ist die alte lyrische Schule der Deutschen geschlossen, während zugleich die neue Schule, die moderne deutsche Lyrik, von mir eröffnet ward."[4] Die Bindung an die Romantik und ihre Überwindung zeigen sich beispielhaft in einem berühmten Gedicht Heines:

„romantique défroqué"

Romantik und Moderne beispielhaft im Gedicht „Ein Fräulein stand am Meere"

Das Fräulein stand am Meere
Und seufzte lang und bang,
Es rührte sie so sehre
Der Sonnenuntergang.

---

1 Siehe Themen und Motive auf S. 124.
2 Siehe ebd.
3 vernichtenden
4 DHA 15, S. 13.

Mein Fräulein! sein Sie munter,
Das ist ein altes Stück;
Hier vorne geht sie unter
Und kehrt von hinten zurück.[1]

Während die Frau in der ersten Strophe ganz gerührt im Anblick der untergehenden Sonne versunken ist, wird sie in der zweiten von einem Beobachter mit sachlichen Bemerkungen aus diesen überwältigenden Gefühlen herausgerissen.

Beispiele im „Wintermärchen“: Romantik ...

Mit Heines Verwurzelung in der romantischen Tradition lassen sich zum Beispiel das Doppelgänger- und Mondscheinmotiv in den Köln-Kapiteln (IV–VII) erklären, die Nacht in vielen Kapiteln des „Wintermärchens“, Träume und Fantasieszenen, in denen die Wirklichkeit überschritten wird. In der Romantik beliebte Lieder, Märchen und Sagen faszinierten den jungen Erzähler und blieben ihm im Gedächtnis (vgl. XIV).

... Moderne

Die „Feldzüge gegen die Romantik“ sind zu verfolgen, wenn der Dichter die bessere Welt, von der das Harfenmädchen singt, nicht im Jenseits erwartet, sondern im Diesseits fordert (vgl. I/V. 13–48) oder das in der Sage überhöhte Bild Barbarossas als Rächer Germanias mit der altersschwachen Traumgestalt konfrontiert (vgl. XIV/V. 49–XVI/V. 96). Den Rhein stellt sich der Erzähler nicht wie damals üblich als romantische, für die Deutschen identitätsstiftende Flusslandschaft vor, sondern als alten, kranken Mann, der die Franzosen zurücksehnt. Der Kampf gegen die Romantik erstreckt sich auch auf den Weiterbau des Kölner Doms, den der Besucher für ebenso wenig zeitgemäß hält wie die in ihm verehrten Gebeine der Heiligen Drei Könige. Das Riesenbauwerk betrachtet er nämlich als Gefängnis für Geist und Vernunft und die Reliquien als Überbleibsel mittelalterlicher Frömmigkeit. Nun soll das Sinnbild religiöser Einheit

---

[1] Neue Gedichte. DHA 2, S. 35f.

vollendet werden, um die nationale Zusammengehörigkeit zu fördern. Der Dreikönigskapelle wie dem ganzen Dom prophezeit der Erzähler aber entgegen dieser Absicht eine lebensfrohe oder praktische Nutzung (vgl. IV/V. 73–76; VII/V. 99–102). Schließlich verspottet er Zauber und Magie, die in der romantischen Literatur um sich griffen, dadurch, dass er Deutschlands Zukunft beim Anblick und Geruch von Exkrementen erkennt.

Literarische Konsequenzen: Satire[1] und Versgestaltung

Die Funktion der Satire

Die Zerrissenheit zwischen Romantik und Moderne kennzeichnet nicht nur den Inhalt des „Wintermärchens", sondern auch dessen Sprache. Heine bedient sich zwar zahlreicher romantischer Motive, entzieht ihnen aber durch Ironie, Komik und andere satirische Mittel ihren ursprünglichen Gehalt. So verkehrt er deren Zielrichtung ins Gegenteil und greift mit ihnen seine Widersacher an. Überall sind „meine satirische Begabnis und die Bedürfnisse meines parodierenden Übermuts" zu spüren, die sich der Dichter in den „Geständnissen" selbst zuschreibt.[2] Am Ende des Reiseepos erklärt er den griechischen Komödiendichter Aristophanes zu seinem „Vater" (XXVII/V. 21–24, 32), den er im Vorwort zum Einzeldruck mit einer Paralipse[3] schamhaft zu übergehen vorgibt: „Des Aristophanes will ich zu solcher Beschönigung gar nicht erwähnen"[4]. Im Vorwort beruft er sich stattdessen auf den Spanier Cervantes (1547–1616), der den satirischen Ritterroman „Don Quichotte" verfasste, und auf den Franzosen Molière (1622–1673), der in seinen

Dichter von Komödien und Satiren als Ahnherrn

---

[1] Siehe die Begriffserklärung auf S. 135f.
[2] DHA 15, S. 51.
[3] gr. Auslassung; etwas wird hervorgehoben, indem man erklärt, es zu übergehen
[4] Siehe S. 122, Z. 16f. in der Textausgabe.

Komödien menschliche Schwächen lächerlich macht[1]. Heine nutzt die Satire, um die Missstände der „kranke[n] alte[n] Welt"[2] anzuklagen und nach den Maßstäben neuer, besserer Zeiten zu verurteilen.[3] Er achtet darauf, dass der Humor die „ernsten Töne" nicht verdrängt.[4] Manchmal sind diese direkt zu vernehmen, etwa im ersten und letzten Caput.

Formale Konsequenzen der Zerrissenheit

Heines zwiespältiges Verhältnis zur Romantik geht auch aus der Vers- und Strophenform im „Wintermärchen" hervor. Einerseits ahmt die einfache Gleichmäßigkeit Volkslieder nach; andererseits durchkreuzen ungewöhnliche Reimwörter oder befremdliche Zeilenbrüche diese Form.

Durch die variierende Zahl unbetonter Silben zwischen den betonten[5] vermeidet der Dichter metrische[6] Eintönigkeit und er erweitert seine Formulierungsspielräume. Mit den Endreimen erzeugt Heine erstaunliche Effekte: Zum Beispiel entsprechen die Reime finden/schwinden und zerronnen/Wonnen im Lied des Harfenmädchens (vgl. I/V. 18, 20, 22, 24) dem inhaltlichen Gegensatz von Diesseits und Jenseits. In dem Moment, in dem sich der Dichter davon distanziert, verwendet er aber das unstimmige Reimpaar Himmel/Lümmel (vgl. I/V. 26, 28), das eigentlich unvereinbare Bedeutungsbereiche und Sprachebenen kombiniert. Schon vorher entwertet er den Gesang, indem er dem „wahren Gefühle", das in der Romantik die Menschen erfüllen sollte, das in einem Enjambement, einem Zeilensprung, nachgeschobene „Und falscher Stimme" entgegenstellt (vgl. I/V. 13–15). Heine greift die Romantik also formal und inhaltlich mit ihren eigenen Mitteln an.

---

[1] Siehe S. 123, Z. 2–5 in der Textausgabe.
[2] Siehe Themen und Motive, S. 124.
[3] Siehe die Begriffserläuterung auf S. 135f.
[4] Siehe S. 122, Z. 10–14 in der Textausgabe.
[5] Siehe die Beschreibung der Versform auf S. 14f.
[6] Metrik: Lehre von den Versformen

Entstehung und Rezeption

Reise nach Hamburg im Herbst 1843

Dem „Wintermärchen" liegt die Reise seines Verfassers nach Hamburg zugrunde, die er vom 21. Oktober bis 16. Dezember 1843 unternimmt. Er schildert aber nicht deren tatsächlichen Verlauf, sondern fügt Erlebnisse, Gedanken, Fantasien kunstvoll zusammen. So entsteht ein vielschichtiges, beziehungs- und kontrastreiches Bild von Deutschland, das Köln, der Kyffhäuserberg und Hamburg räumlich strukturieren. Es ist zwar in der Realität verankert, durch die poetische Komposition, Form und Sprache aber Fiktion.

Realität und Fiktion

Unterschiedliche Versionen, Veröffentlichung und Zensur

Anhand von Reisenotizen fertigt Heine in der ersten Hälfte des Jahres 1844 drei Versionen an. Er brauchte dafür länger, als es der Hinweis „Geschrieben im Januar 1844" nahelegt. Auf Drängen seines Verlegers Campe milderte er wenige brisante Stellen, ohne die inhaltliche Stoßrichtung abzuschwächen. Die überarbeitete Endfassung erschien im September 1844 in den „Neuen Gedichten". Umfangreichere Werke waren nämlich nicht der Vorzensur unterworfen. Beim gleichzeitig veröffentlichten Einzeldruck des „Wintermärchens" erreichte Campe bei der Zensurbehörde, dass nur verhältnismäßig wenig geändert werden musste. Im Dezember lag eine französische Übersetzung des Reiseepos vor. Nach dem Erscheinen wurden in Preußen und vielen anderen deutschen Ländern sowohl die „Neuen Gedichte" mit der Verserzählung als auch der Separatdruck verboten. Trotzdem schätzte der preußische König als Privatmann die Satire.

Verbote

Gegensätzliche Beurteilungen

Inhalt und literarische Qualität des „Wintermärchens" waren von Anfang an heftig umstritten. Was die einen begeisterte, erregte bei anderen größten Unmut. Konservativ und national gesinnte Zeitgenossen von Heine lehnten es ab, in liberalen und sozialistischen Kreisen fand es dagegen Gefallen. Gelobt wurden Witz und Humor sowie die satirische Auseinandersetzung mit den deutschen Verhältnissen. Diese Seiten haben auch in Frankreich Zustimmung gefunden. Die nationalistische Missbilligung steigerte sich in der nationalsozialistischen Diktatur bis zur Feindseligkeit. Und in der Nachkriegszeit stand Heines Verserzählung den Verdrängungsversuchen und dem Aufbau eines neuen staatlichen Selbstbewusstseins eher im Weg, obwohl sich in ihr manche Ursachen und Begleiterscheinungen der Gewaltherrschaft schon 100 Jahre früher abzeichneten. Der Schriftsteller Hermann Kesten (1900–1996) fasste 1959 zusammen, worin die allgemeine, über die Entstehungszeit weit hinausgehende Botschaft des Reiseepos besteht: „Heine lachte über *alle* Tyrannen, er verspottete *alle* Zensoren, er wollte die gleichen Gesetze für *alle* Menschen und den gleichen Genuss für alle."[1]

Feindselige Ablehnung im Nationalsozialismus

Verdrängung in der Nachkriegszeit

Zeitloses Anliegen

Von den Werken, die sich auf das „Wintermärchen" beziehen oder es nachahmen, ist das gleichnamige von Wolf Biermann (geb. 1936) das bekannteste. Es schildert eine Reise von Ost-Berlin nach Hamburg in den 60er-Jahren des 20. Jahrhunderts, als Deutschland geteilt war. Die Grenzkontrolle und der Besuch des Erzählers bei der Mutter sind ebenso Parallelen wie der Sturz in die Unterwelt der Abwasserkanäle und die Begegnung mit dem KPD[2]-Vorsitzenden Ernst Thälmann (1886–1944), die das Zusammentreffen mit Kaiser Barbarossa im Kyffhäuser räumlich, zeitlich und personell verändern.

---

[1] Hermann Kesten: Der Geist der Unruhe. Köln: Kiepenheuer & Witsch 1959, S. 74.

[2] Kommunistische Partei Deutschlands

Romantik, Junges Deutschland, Satire: Erläuterung der Begriffe

Romantik

Die europaweite literarische Epoche der Romantik kann in Deutschland, wo sie sich zeitlich teilweise mit der Klassik überschneidet, ungefähr durch die Jahre 1795 und 1835 eingegrenzt werden. Die naturwissenschaftlichen Erklärungen der Welt und das Vertrauen auf die menschliche Vernunft in der Aufklärung waren ebenso fragwürdig geworden wie die Überzeugung Schillers und Goethes, dass die Menschen sich durch Kunst, insbesondere die griechische, zur Humanität erziehen ließen. Der Entzauberung der Natur, der wirtschaftlichen Arbeitsteilung, dem spießbürgerlichen Leben in engen und wachsenden Städten sowie den politischen Umwälzungen durch die Französische Revolution und die Herrschaft Napoleons setzen die Romantiker das intensive Empfinden einer umfassenden Einheit als höchstes Ziel entgegen. Dieses Gefühl suchen sie in der idealisierten Natur, im Leben des einfachen Volks, im katholischen Mittelalter, in der Fantasie, in Träumen oder sogar im Tod. Sie wollen die Welt poetisieren oder – in ihrer Sprache – romantisieren.

Voraussetzungen

Intensives Einheitsgefühl

Die frühe oder Jenaer Romantik erhebt die Forderung nach einer „progressiven Universalpoesie", die nicht nur alle literarischen Gattungen vereint, sondern auch Musik, bildende Kunst, Philosophie und Religion einbezieht und darüber hinaus die Gesellschaft durchdringt. In dieser Phase war die Epoche durch ihre Repräsentanten noch stark theoretisch-philosophisch ausgerichtet. Zu ihnen gehörten Friedrich von Hardenberg (1772–1801), der sich Novalis nannte, und die Brüder Schlegel (August Wilhelm 1767–1845 und Friedrich 1772–1829). In der Hoch- oder Heidelberger Romantik sammelten Achim von Arnim (1781–1831) und

Frühe oder Jenaer Romantik

Hoch- oder Heidelberger Romantik

Clemens Brentano (1778–1842) Lieder des Volks und Jacob Grimm (1785–1863) mit seinem Bruder Wilhelm (1786–1859) Sagen und Märchen. Diese volkstümlichen Formen wurden in der Literatur der Romantik kunstvoll weiterentwickelt. Außerdem richtete sich das Interesse auf die mittelalterliche Dichtung, die Geschichte der deutschen Sprache und die Vergangenheit des eigenen Volks.

Spätromantik

In der Spätromantik finden sich in Berlin und in Schwaben weitere Dichtergruppen zusammen. Joseph von Eichendorff (1788–1857) fasst 1838 das romantische Lebensgefühl in dem kurzen Gedicht „Wünschelrute" zusammen:

> Schläft ein Lied in allen Dingen,
> Die da träumen fort und fort,
> Und die Welt hebt an zu singen,
> Triffst du nur das Zauberwort.[1]

Gegensatz von poetischer Verzauberung und Realität bei Heine

Der Gegensatz zwischen poetisch verzauberten Welten und realen Gegebenheiten durchzieht auch Heines Werk. Der Dichter flieht aber nicht aus diesen in jene, sondern stellt sich den Herausforderungen der politisch-gesellschaftlichen Wirklichkeit.

Junges Deutschland

Publikationsverbot

1835 verbietet der Bundestag des Deutschen Bundes die Schriften von Heinrich Heine und vier weiteren jüngeren Autoren. Der Beschluss bezeichnet diese uneinheitliche Gruppe als „Junges Deutschland", dem Ludolf Wienbarg (1802–1872) seine „Ästhetischen Feldzüge" gewidmet hat. Die Schriftsteller traten für Freiheit, Gleichberechtigung, Emanzipation der Frauen, Demokratie, nationale Einheit und eine republikanische Verfassung ein und lehn-

Forderungen nach Freiheit und Demokratie

---

[1] Joseph von Eichendorff: Sämtliche Gedichte und Versepen. Hrsg. v. Hartwig Schulz. Frankfurt am Main und Leipzig: Insel Verlag 2007, S. 271.

ten die Vorrechte des Adels ebenso ab wie die enge Verbindung von Kirche und Staat. Solche Forderungen betrachteten die Regierungen der Königreiche und Fürstentümer in Deutschland im Zeitalter der Restauration und Revolution als eine große Gefahr, sodass sie die Veröffentlichung untersagten.

Politische Dichtung

Die Schriftsteller des Jungen Deutschland wollten sich – anders als die Dichter der Klassik und Romantik – mit ihrer Literatur in das politische Geschehen einmischen. Dazu nutzten sie Zeitschriften und Zeitungen. Sie verfassten politische Gedichte und journalistische Texte wie Essays und zeitkritische Reisebilder. Ermutigt wurden sie durch die Julirevolution 1830 in Frankreich[1], mit der deshalb die literaturgeschichtliche Phase des Jungen Deutschland beginnt. Durch das Publikationsverbot endet sie eigentlich 1835 schon wieder, doch ab 1840 melden sich mit Georg Herwegh (1817–1875), Ferdinand Freiligrath und anderen radikalere Stimmen zu Wort. Sie klagen zunehmend die sozialen Verhältnisse an. Das „Kommunistische Manifest" von Karl Marx und Friedrich Engels (1820–1895) ruft die Arbeiter aller Länder auf, sich zusammenzuschließen. Diese Entwicklung bis 1848 wird in der Literaturgeschichte unter dem Begriff „Vormärz" zusammengefasst. In diesem Jahrzehnt tritt von den Schriftstellern des Jungen Deutschland nur noch Heine, unter anderem mit dem „Wintermärchen" und den „Neuen Gedichten", publizistisch in Erscheinung.

Zeitraum

Radikalisierung im Vormärz

Satire

Anprangerung von Missständen

Satiren prangern als Texte oder in anderen Darstellungsformen, zum Beispiel im Kabarett, gesellschaftliche Missstände und menschliche Schwächen an und fordern indirekt dazu auf, diese zu beseitigen. Satirische Texte orientieren sich dabei an moralischen Maßstäben, die von den Leserin-

[1] Siehe die historischen Hintergründe auf S. 97–100.

nen und Lesern oft erst erschlossen werden müssen. Aus dem Kontrast von Missständen und Maßstäben entstehen komische Effekte, die zum Lachen reizen. Dadurch eröffnen sich neue Sichtweisen und Chancen zur Selbsterkenntnis, die zu einer Veränderung von Auffassungen, Einstellungen oder Verhaltensweisen führen können.

Komische Effekte

Satiren übertreiben, verzerren oder verfremden die Realität, stellen sie ironisch oder zweideutig dar, spielen humorvoll auf sie an oder gießen Spott über sie aus.

Zeitgebundene Wirklichkeit und Aktualität

Die Wirklichkeit, auf die sich Satiren beziehen, ist meistens zeitgebunden. Häufig liegt sie in der Vergangenheit. So schildert Heines „Wintermärchen“ die politischen Verhältnisse in Deutschland in der Mitte des 19. Jahrhunderts. Die Leserin oder der Leser muss sich also über die damaligen, heute überwundenen Zustände informieren. Gleichwohl sind manche Missstände in der Vergangenheit auch in der Gegenwart zu entdecken. Aus einem solchen Vergleich entstehen Wiedererkennungseffekte, und jetzige Übel zeichnen sich deutlicher ab.

Die Verserzählung „Deutschland. Ein Wintermärchen" in der Schule

Der Blick auf die Figuren: Die Personencharakterisierung

Eine literarische Figur charakterisieren – Tipps und Techniken

In einer literarischen Charakterisierung werden die äußeren Merkmale einer Figur beschrieben und ihre Wesenszüge analysiert. Zu berücksichtigen ist dabei, dass sich eine Figur möglicherweise verändert und entwickelt. Aufschlussreiche Informationen im Text werden gesammelt, geordnet und ausgewertet. Sie können aus direkten Charakterisierungen der Figur durch sie selbst oder andere bestehen oder aus Beobachtungen und Feststellungen zu ihrem Aussehen, ihrer Einstelllung, ihrem Handeln oder ihrer Sprache, aus denen sich die Eigenart indirekt erschließen lässt. Auf dieser Grundlage entsteht eine Interpretation der Figur. Dieser argumentierende Text in der Zeitform des Präsens begründet Behauptungen und Aussagen durch Textstellen oder knappe beschreibende Zusammenfassungen.

In Heines Verserzählung haben nicht nur Figuren, sondern auch Personifizierungen ihre Eigenarten. Deshalb fordern sie ebenfalls zu Charakterisierungen heraus.

Beim Verfassen einer literarischen Charakterisierung können die folgenden Gesichtspunkte und Leitfragen von Bedeutung sein. Es liegt nahe, sich bei der Gliederung an der Reihenfolge der vier Gruppen zu orientieren.

1. **Personalien, sozialer Status und äußeres Erscheinungsbild**
   - Was erfahren wir über Name, Geschlecht, Alter und Tätigkeit der Figur?
   - Hat sie besondere äußere Merkmale?
   - In welchen Verhältnissen und in welchem sozialen Umfeld lebt sie?
   - Beeinflusst die Vorgeschichte ihren Charakter?

2. **Eigenschaften, Einstellungen und Verhalten**
   - Gibt es typische Verhaltensweisen oder Gewohnheiten?
   - Welche Wesens- und Charakterzüge stechen hervor?
   - Welche Umstände prägen das Leben der Figur?
   - Wie sieht sie sich selbst?
   - Welchen Einstellungen und welchem Weltbild neigt sie zu?
   - Verändert sie sich äußerlich oder innerlich?
   - Wie nehmen sie andere Figuren wahr?
   - In welcher Beziehung steht sie zu ihnen?

3. **Sprache und Kommunikation**
   - Wie lässt sich der Sprachgebrauch (Sprachebene, Sprachstil) der Figur beschreiben?
   - Sind Besonderheiten im Satzbau und in der Wortwahl zu erkennen?
   - Was kommt durch nonverbale Kommunikation (Mimik, Gestik, Körperhaltung) zum Ausdruck?
   - Wie verhält sich die Figur in Gesprächen und welche Strategien verfolgt sie?

4. **Zusammenfassende Einschätzung**
   - Welche Funktion hat die Figur in der Verserzählung?
   - Handelt es sich um einen individuellen Charakter oder um einen schematischen Typus mit festgelegten Merkmalen?

- Inwieweit sind die charakterlichen Merkmale gesellschaftlich bedingt?
- Welche Deutung und Einschätzung ergibt sich aus den Erkenntnissen?

Der Erzähler

1. Die Person und ihr sozialer Status

Der Ich-Erzähler, ein deutscher Dichter, lebt seit 13 Jahren in Paris (vgl. V/V. 15, XX/V. 9f., XXIII/V. 79). Zum ersten Mal, seit er sein Heimatland verlassen hat, besucht er Hamburg, wo er früher wohnte und jetzt seine Angehörigen und sein Verleger Julius Campe leben. Die strenge Zensur und das freiheitsfeindliche politische Klima in Deutschland (vgl. XXV/V. 25f., 29) bewogen ihn, nach der Julirevolution 1830 in die Hauptstadt Frankreichs zu gehen (vgl. VIII/V. 19f.). Zum Rhein besteht ebenfalls eine enge Beziehung (vgl. V/V. 5–8, 13–15). Daraus lässt sich schließen, dass Erzähler und Verfasser weitgehend identisch sind, denn Heine wuchs in Düsseldorf auf. Die Reise mit der Postkutsche, die Übernachtung in ordentlichen Gasthäusern und die reichhaltigen Speisen legen nahe, dass der Dichter über das nötige Geld verfügt.

2. Eigenschaften, Einstellungen und Verhalten

2.1 Eintreten für Freiheit und Gleichheit

Der Erzähler tritt konsequent für die in der Französischen Revolution erhobenen Forderungen nach Freiheit und Gleichheit ein (vgl. I/V. 33–60), begrüßt die von Napoleon durchgeführten Veränderungen (vgl. VIII/V. 29–32) und wehrt sich gegen die Verfolgung von Poeten (vgl. XXVII/V. 41–60). Für diese Ziele setzt er sich mit den literarischen Mitteln des Liedes (vgl. I/V. 33–66; V/V. 83), fiktiver Höllenszenarien (vgl. XXVII/V. 81–84) und politischer Reisebilder in Versen ein, wie sie im „Wintermärchen" vorliegen. Er schwankt zwischen der Gewissheit, dass ihm die nächste Generation nacheifert (vgl. XXVII/V. 5–15), und Skepsis, die ihn beim Sonnenaufgang, beim Gedanken an Sisyphus und beim Anblick des gekreuzigten Christus überfällt (vgl. XIII).

2.2 Prägung durch Liberalität und Fortschrittsglaube in Frankeich

Vor dem Hintergrund der liberalen Atmosphäre und dem fortschrittlichen Geist in der zu seiner Zeit bedeutendsten Stadt Europas und der Welt empfindet der Reisende die Rückständigkeit, die Unterwürfigkeit, die realitätsfernen Träumereien und die beschönigenden Darstellungen in Deutschland als besonders übel. Die 36 Staaten, in denen mit Ausnahme der unabhängigen Städte Fürsten allein und meistens unbeschränkt regieren, sind ihm ein Gräuel (vgl. XXVI/V. 49–52). Die größte Abneigung hegt er gegen Preußen, das als mächtigster Staat den deutschen Bund beherrscht und dessen mittelalterliches und nationales Gehabe ihn anwidert. Denn dieses übertüncht die Verweigerung demokratischer Rechte.

2.3 Abneigung gegen die vielen deutschen Fürstentümer und Preußen

2.4 Denken und Handeln

Trotz der langen Abwesenheit setzt sich der Dichter engagiert mit der politischen Lage in Deutschland auseinander. Dabei beschränkt er sich nicht auf die Gegenwart, sondern bezieht die Vergangenheit und die Zukunft mit ein. Als Dichter bewegt er sich im Bereich des Denkens, dessen Umsetzung in die Tat er nicht mehr selbst in der Hand hat. Deshalb treibt ihn die Loslösung des Handelns von dem zugrunde liegenden Gedanken um (vgl. VI, VII).

2.5 Verbundenheit mit dem Vaterland

Obwohl der Erzähler die politischen Missstände, Engherzigkeit und Geltungssucht in Deutschland scharf angreift, fühlt er sich anderem eng verbunden: Rührung überkommt ihn, als er die Muttersprache hört (vgl. I/V. 5–12), und Lieder, Märchen und Sagen aus der Kindheit ziehen noch den Erwachsenen in ihren Bann. Er genießt die Speisen seiner Heimat und den Wein aus dem Rheinland. Über deutsche Federbetten freut er sich und sogar die aufgeweichten Wege und der Pferdemist lösen Glücksgefühle in ihm aus, weil sie Teil seines Vaterlands sind (vgl. VII/V. 5–8, VIII/V. 9–16). In der Fremde vermisst er Anblicke, Gerüche, Klänge, Orte und Personen, die ihm vertraut gewesen sind (vgl. XXIV/V. 45–70). Deshalb befällt ihn starkes Heimweh, sodass er sich trotz der ungünstigen Reisezeit im November

2.6 Heimweh und Vaterlandsliebe

auf den Weg nach Hamburg macht. Dort interessieren ihn Menschen, die er von früher kennt, die sich verändert haben oder die er nicht wiederfindet (vgl. XXII/V. 1–44). Seine „Vaterlandsliebe" (XXIV/V. 71) beruht auf persönlichen Beziehungen, Erinnerungen, Sinneseindrücken und der Sprache, nicht auf einer überheblichen, oft nur vorgespielten Begeisterung für die eigene Nation.

2.7 Leidenschaft für schöne Frauen

Der Genuss des Rheinweins weckt in dem Dichter eine weitere Leidenschaft, nämlich die für schöne Frauen (vgl. XXIII/V. 45–56). Er sucht sie wie früher unter den Prostituierten der Hansestadt, setzt sich also über gängige Moralvorstellungen hinweg. Dort trifft er auf die Stadtgöttin Hammonia, deren Einladung er trotz ihres ungewöhnlichen Äußeren folgt (vgl. XXIII/V. 109–116) und deren Werben er sich nicht verschließt, obwohl sich ihre Auffassungen von seinen gravierend unterscheiden. Er lässt sich offen, neugierig und mutig auf unerwartete Situationen ein.

3. Sprache und Kommunikation

Der Erzähler beschreibt seine Beobachtungen, Gedanken, Stimmungen und Träume auf der Reise und bekämpft seine Gegner mit strafender oder scherzhafter Satire: Den preußischen Adler will er zum Beispiel bestrafen, wenn er ihm in die Hände fällt (vgl. III/V. 61–76), über Schnurrbart und Pickelhaube der Soldaten scherzt er dagegen in origineller Weise (vgl. III/V. 33–60).

Mit realen Menschen führt der Reisende kaum Gespräche. Nur die Frage der Mutter, was er essen möchte, beantwortet er – ihren anderen weicht er aus (vgl. XX). Die Erläuterungen eines Mitreisenden, der Zollverein und Zensur als Vorstufe der deutschen Einheit lobt, übergeht er schweigend, weil sie ihm widerstreben (vgl. II/V. 29–44).

In dem Traumgespräch mit Kaiser Barbarossa und in den Unterhaltungen mit Hammonia gehen die Impulse von den fiktiven Gestalten aus. In jenem fordert der Besucher den Kaiser zum Handeln auf, dann erklärt er ihn für überflüssig (vgl. XV/V. 69–72; XVI/V. 77–96), in diesen gewährt er der Göttin Einblick in seine innersten Empfindungen. Nur den Rhein spricht der Dichter an und tröstet ihn in seinem Schmerz über das Lied von Nicolaus Becker, das die Feindschaft gegen Frankreich schürt (vgl. V). Der Erzähler weiß also direkt und indirekt situationsgerecht, adressatenbezogen und einfühlsam zu kommunizieren. Dabei bedient er sich aller vier Seiten einer Botschaft, wie sie der Kommunikationswissenschaftler Schulz von Thun[1] (geb. 1944) beschreibt: Kaiser Barbarossa *informiert* er sachlich über Personen und die Guillotine (vgl. XVI/V. 18–60), an den preußischen König *appelliert* er, lebende Dichter respektvoll zu behandeln (vgl. XXVII/V. 53–88), Hammonia *offenbart* er Heimweh als Grund seiner Reise (vgl. XXIV/V. 33–76) und in dem Gespräch mit dem Rhein kommt ihre enge *Beziehung* zum Ausdruck.

Die sprachliche Virtuosität und Kreativität des Dichters zeigen sich im gesamten Text des „Wintermärchens". Mit Reisebildern in Versen schafft er eine ganz neue Gattung. Und auf der Grundlage einer eingängigen Vers-, Strophen- und Reimform entfacht er ein rhetorisches Feuerwerk voller Angriffslust und satirischem Witz. Mit ihnen überwindet er auch einzelne Zweifel oder albtraumartige Ängste.

4. Zusammenfassende Einschätzung

Der Ich-Erzähler, in dem sich Heine selbst spiegelt, ist gleichzeitig die Hauptfigur der lyrischen Reisebilder, die Eindrücke und Reflexionen aus ihrer Perspektive schildert. Als Anhänger der Aufklärung und der Französischen Revolution sowie aufgrund seiner Erfahrungen des Lebens in Paris empfindet er die politische Lage in Deutschland als besonders schlimm. Er freut sich aber zugleich, in der Heimat Vertrautem wiederzubegegnen, und ist von gravierenden Veränderungen in der Zukunft überzeugt. Diese Zerrissenheit zieht sich ebenso

[1] Friedemann Schulz von Thun: Miteinander reden. Störungen und Klärungen. Allgemeine Psychologie der Kommunikation. Reinbek bei Hamburg: rororo Sachbuch Nr. 7489, 1993.

durch die Verserzählung wie der politische Angriff. Mögliche Gegenmaßnahmen wie Verbot, Ausweisung oder Verhaftung schrecken den Erzähler nicht ab.

Die Mutter des Erzählers

„Die alte Frau" wohnt in Hamburg, wo auch die Schwester und der Onkel des Erzählers leben (vgl. XXIV/V. 51–53). Die finanziellen Mittel reichen aus, dem Sohn ein reichhaltiges Essen anzubieten. Die Folgen des großen Stadtbrands von 1842 scheint sie überwunden zu haben.

1. Die Person und ihr sozialer Status

Als der Besucher eintrifft, erschrickt sie vor lauter Freude, ihn nach 13 Jahren wiederzusehen. Trotz der langen Abwesenheit ist ihr der Sohn nicht fremd geworden, sondern ihre innigen mütterlichen Gefühle sind lebendig geblieben. Wahrscheinlich haben sie sich sogar verstärkt. Zweimal begrüßt sie ihn mit dem Ausruf „Mein liebes Kind!" (XX/V. 7, 9), obwohl ihr ein lebenserfahrener, weltgewandter Erwachsener im mittleren Alter gegenübersteht. Sie sieht ihre Aufgabe nach wie vor darin, für ihn zu sorgen. Deshalb bietet sie ihm, da sie vermutet, dass er Hunger hat, reflexhaft mehrere Speisen an, die sie im Haus hat. Dass er diese mit „großem App'tit" (XX/V. 17) verzehrt, beglückt sie und beweist, dass sie offensichtlich gut kochen kann.

2. Eigenschaften, Einstellungen und Verhalten

2.1 Innige und dauerhafte mütterliche Gefühle

2.2 Sorge um das Wohlergehen des Sohnes

Nach der ersten Frage, was der Sohn jetzt essen möchte, geht aus der nächsten hervor, dass ihr das Wohlergehen des Sohnes im Ausland sehr am Herzen liegt (vgl. XX/V. 21–24). Dann jedoch interessiert sie sich für sein Vergleichsurteil bezüglich Deutschland und Frankreich sowie für seine politische Überzeugung. Mit den ausweichenden Antworten gibt sie sich, ohne weiter nachzufragen, zufrieden, wahrscheinlich um Konflikte zu vermeiden. Die Mutter ist also neugierig, aber auch großzügig und tolerant. Indem sie ihre Fragen jeweils mit der Begrüßungsformel einleitet, betont sie die Mutterrolle, die in die Kindheit des Sohnes zurückweist und die sie noch im Alter dem Erwachsenen gegenüber einnimmt.

2.3 Über den Haushalt hinausgehende Interessen

2.4 Neugier, Großzügigkeit und Toleranz

3. Sprache und Kommunikation

Die Mutter bekundet ihre große Freude über den Besuch nicht nur mit einem Ausruf und einer nachgeschobenen Bemerkung über die langjährige Abwesenheit, sondern auch nonverbal, indem sie in die Hände klatscht. Mit ihren Fragen lenkt sie das Gespräch auf unterschiedliche Themen. Dass sie nur beim Essen eine klare Antwort erhält, akzeptiert sie rücksichtsvoll, ohne verstimmt zu sein. Jede Äußerung beginnt mit dem Bekenntnis der Liebe zu ihrem Kind, die deshalb die Basis des gesamten Gesprächs bildet.

4. Zusammenfassende Einschätzung

Die Mutter und der Besuch bei ihr haben für den Erzähler einen hohen Stellenwert, denn er geht am Ziel der Reise sofort zu ihr. Durch ihre Natürlichkeit, ihre Fürsorge und ihre Unaufdringlichkeit wirkt sie außerordentlich sympathisch. Sie ist es neben anderen Gründen vor allem, weshalb es den Sohn nach Deutschland zieht (vgl. XXIV/V. 49–51). Das intakte private Verhältnis zu ihr steht im Gegensatz zu den üblen politischen Zuständen seines Vaterlands, die ihn abstoßen.

Der Rhein

1. Die Person und ihr sozialer Status

Den Rhein kennt der Erzähler als ehrwürdigen Fluss, den er als Vater anspricht (vgl. V/V. 3, 5). Er trifft jedoch einen al-

Moritz von Schwind: Vater Rhein mit personifizierten Nebenflüssen und der Stadt Speyer als Frau dahinter

ten, kranken Mann an, der sich den Magen verdorben hat. Noch mehr leidet der Strom aber unter dem Gedicht „Der deutsche Rhein" von Nicolaus Becker, das die Franzosen von ihm fernhalten will.

2. Eigenschaften, Einstellungen und Verhalten

Der Rhein hat schlechte Jahre hinter sich, wie er den Besucher auf dessen Nachfrage hin wissen lässt. Er klagt über körperliches Unwohlsein, das der Streit zweier konkurrierender Häfen verursacht habe. Denn der Besitzer des einen hat die Zufahrt des anderen mit Steinen blockiert, die der personifizierte Fluss zu schlucken gehabt hat (vgl. V/V. 16–18). Schlimmere seelische Schmerzen fügt ihm jedoch das nationalistische Gedicht Beckers zu[1], das ihm im Innersten widerstrebt und ihn sogar auf selbstzerstörerische Gedanken bringt (vgl. V/V. 19f., 25–28). Es unterstelle nämlich, dass der Rhein immer deutsch gewesen sei (vgl. V/V. 21–24), und leugne die Tatsache, dass Frankreich im Dreißigjährigen Krieg und unter Napoleon sich seiner bemächtigt habe.[2] Außerdem liebt der Strom die fröhlichen Franzosen und sehnt ihre Rückkehr herbei (vgl. V/V. 41f., 45). Er weigert sich, von deutschen Nationalisten gegen das Nachbarland missbraucht zu werden, und steht mit dieser Haltung Heine nahe (vgl. das Vorwort zum Einzeldruck[3]). Schließlich fürchtet der Fluss die Blamage und den Spott, wenn sein Wunsch in Erfüllung geht, die Franzosen wiederkommen und sie sich über Beckers Gedicht lustig machen (vgl. V/V. 46–48).

2.1 Körperliches und seelisches Leiden

2.2 Sehnsucht nach den Franzosen

2.3 Ausweg- und Mutlosigkeit

Der Rhein analysiert seine missliche Situation, ohne einen Ausweg zu erkennen. Deshalb schimpft er über das „dumme Lied" und seinen Verfasser, den „dumme[n] Kerl" (V/V. 25, 33). Obwohl alt und krank, verfügt der Strom über einen klaren Verstand und starke Emotionen.

[1] Zum Inhalt vgl. die Anm. 1 auf S. 28.

[2] Unter anderem waren Anfang des 19. Jahrhunderts die linksrheinischen Stadtteile Kölns mit dem Dom französisch.

[3] S. 123, Z. 15–19, 29–S. 124, Z. 4 in der Textausgabe.

3. Sprache und Kommunikation

Das Reden jedoch fällt ihm schwer: Der Erzähler vernimmt „seltsam grämliche Töne, […] Hüsteln [… ,] Brümmeln und weiches Gestöhne“ (V/V. 9–12). Diese Sprechweise entspricht der körperlichen und seelischen Verfassung des Rheins. Seine Sympathie für die Bewohner des Nachbarlands bringt er in einem liebevoll-empfindsamen Aussagesatz, in dem er im doppelten Diminutiv[1] über „[d]ie lieben kleinen Französchen“ spricht, und in zwei Fragen zum Ausdruck, ob sie sich gleich geblieben seien (vgl. V/V. 41–44). Zu Befürchtungen bei ihrer Rückkehr leitet zuvor der Ausruf über die Dummheit des Liedes und seines Verfassers über (vgl. V/V. 33), die ihn schon vorher empört hat und die er nun steigert. Den Gegensatz von Wahrheit und Lüge veranschaulicht er durch das Bild der Jungfrau. Trotz seiner kraftlosen Stimme bedient sich der Fluss einer differenzierten, bildreichen und originellen Sprache.

4. Zusammenfassende Einschätzung

Zwischen dem Rhein und dem Erzähler besteht ein Vater-Sohn-Verhältnis, das dem zur Mutter gleicht. Wie diese ihr Kind heißt jener „mein[en] Junge[n]“ willkommen (V/V. 13). Über die emotionale Bindung hinaus stimmen der Strom und sein Besucher aber auch in ihrer Liebe zu Frankreich und in ihrer Abneigung gegen nationalistischen Egoismus überein. Allerdings wird der Dichter nun nicht umsorgt, sondern er tröstet den verzweifelten Rhein und muntert ihn auf. Als Person gibt dieser im „Wintermärchen“ ein Bild ab, das der geläufigen nationalistischen Symbolisierung widerspricht.

Eine vermummte Gestalt

1. Die Person und ihr sozialer Status

In „der stillen Mondnacht“ in Köln nimmt der Erzähler nach langer Zeit erstmals wieder eine schwarze (vgl. VII/V. 34) Gestalt wahr (vgl. VI/V. 21–24), die gedrungen und unheimlich wirkt. Sie ist in einen Mantel gehüllt, unter

[1] Verkleinerungsform

dem sie ein Richtbeil trägt. Nur „[d]ie Augen" leuchten „wie zwei Sterne" (VI/V. 18). Der geheimnisvolle Geselle bezeichnet sich als Knecht des Dichters. Er führe gehorsam aus, was sich sein Herr ausdenke.

Die Gestalt tritt immer in kreativen Phasen des Erzählers in Erscheinung, wenn am Schreibtisch große Gefühle und Gedanken in ihm emporsteigen. Sie wahrt Abstand, folgt ihm in Köln aber beharrlich wie „mein Schatten" (VI/V. 27), als er nachts durch die Straßen geht, und sieht ihn aufdringlich an (vgl. VI/V. 41). Als der irritierte Dichter wissen will, wer sie sei, gibt sie sich als „Tat von deinem Gedanken" zu erkennen: „Ich raste nicht, bis ich verwandle/In Wirklichkeit, was du gedacht" (VI/V. 58f., 72). Das kann unter Umständen lange dauern. Um Gerechtigkeitsfragen kümmert sich der Begleiter bei seinem Tun nicht (vgl. VI/V. 62–64).

2. Eigenschaften, Einstellungen und Verhalten

2.1 Phasenweise Präsenz

2.2 Ausführung von Gedanken des Erzählers

Sein reduziertes Lebensprinzip stellt er in dem anschließenden Traum unter Beweis: Als der Erzähler die Skelette der Heiligen Drei Könige, die mit Symbolen der Macht ausgestattet sind, mit Gewalt ins Grab zurückjagen will, zerschlägt sie der merkwürdige Geselle.

Die Gestalt bleibt meistens stumm (vgl. VI/V. 54; VII/V. 107). Nur als sie der ärgerliche Dichter fragt, was sie wolle, beschreibt sie ihre Funktion in mehreren Variationen (vgl. VI/V. 55–72). Sie veranschaulicht das Verhältnis zwischen Herr und Knecht durch das zwischen einem Richter und dem Vollstrecker der Urteile und beruft sich auf die römischen Liktoren, die dem Konsul das Beil als Zeichen der richterlichen Gewalt vorangetragen haben. Sie beschreibt ihre Rolle bestimmt und selbstbewusst. Ihrer Erklärung schickt sie die Bitte voraus, in ihr weder ein Gespenst zu sehen noch sie mit kunstvollen und philosophischen Reden zu belästigen. Damit beugt sie überheblichen und abwertenden Missverständnissen vor.

3. Sprache und Kommunikation

4. Zusammenfassende Einschätzung

Das Unheimliche der Figur, ihr Wesen eines Doppelgängers, der Zusammenhang mit der Inspiration des Erzählers und die Nacht, in der sie in Erscheinung tritt (vgl. VI/V. 10), sind Kennzeichen der Romantik[1]. In ihr ist Heine zwar als Dichter verwurzelt, als politischer und moderner Autor sagt er sich aber von ihr los. Mit dem rätselhaften Begleiter stellt sich außerdem das Problem, ob Denken und Handeln auf zwei Personen verteilt sein können oder in einer Hand liegen sollen. Heine neigte lange der Auffassung zu, dass sie vereint sein müssten, bis er einsah, dass er sich als Poet überfordern würde.

Kaiser Barbarossa

1. Die Person und ihr sozialer Status

Wie der Rhein entspricht auch Kaiser Barbarossa nicht dem Bild, das in der Bevölkerung kursiert oder das ihm nationalistische Kreise überstülpen. Stellt ihn die Sage als kraftvollen Kämpfer, Richter und Rächer dar, der mit seinen Reitern im Kyffhäuserberg auf den geeigneten Zeitpunkt für die Befreiung Deutschlands wartet, trifft der Besucher im Traum wiederum auf einen Greis. Dieser sitzt nicht mehr in seinem Saal „wie ein Steinbild", sondern watschelt in den unterirdischen Räumen herum (XV/V. 13–18). Er ist der ihm zugeschriebenen Aufgabe nicht gewachsen. Er strahlt keine kaiserliche Würde mehr aus, sondern verhält sich engstirnig und kleinlich, bemüht sich um Sauberkeit und bürokratische Ordnung und interessiert sich für Personen, die ihm bekannt sind.

2. Eigenschaften, Einstellungen und Verhalten

2.1 Würdelosigkeit

Die Würdelosigkeit springt besonders ins Auge, wenn er seinen Hermelin und den Pfauenwedel, Zeichen seines hohen Ranges, zum Entrosten der Schwerter und zum Abstauben benutzt (vgl. XV/V. 23–28). Wie in einem Museum zeigt und erklärt er dem Besucher, was er gesammelt hat und aufbewahrt. Besonders stolz ist er darauf, dass die

[1] Siehe die Begriffserläuterung auf S. 133f.

schwarz-rot-goldene Fahne noch nicht durch Ungeziefer beschädigt worden ist (vgl. XV/V. 29–32). Der Schlaf seiner Soldaten, die er mit einer Goldmünze entlohnt (vgl. XV/V. 41–44), und die Zahl der Pferde sind ihm wichtiger als die politische Lage, die nach Auffassung des Erzählers zu sofortigem Handeln zwingt. Auf dessen dringenden Appell reagiert er mit Sprichwörtern, die zu Geduld und Abwarten anhalten (vgl. XV/V. 69–80).

2.2 Verkennung der Notwendigkeit zu sofortigem Handeln

Die Fragen Barbarossas, was in der „Oberwelt" vor sich gehe (VXI/V. 7–9), verraten, dass er nicht weiß, was dort geschieht. Personen interessieren ihn mehr als politische Ereignisse. Von der Französischen Revolution hat er nichts gehört. Als ihm der Gast das Guillotinieren beschreibt, entrüstet er sich nicht nur über die Hinrichtung des französischen Königspaars, bei der ihn die Form stört (vgl. XVI/V. 67 f.), die Ursachen aber nicht kümmern. Seine Wut richtet sich nun vielmehr auch gegen den Besucher, dessen Antworten ihn über die einschneidenden Ereignisse aufklären. Unberechenbar und unbeherrscht lässt der alte Kaiser seinen Emotionen freien Lauf und beschuldigt den Erzähler des Hochverrats. Die unangemessene Reaktion zeigt, dass Barbarossa sich nicht mehr als Herrscher eignet.

2.3 Unkenntnis der politischen Lage

2.4 Unberechenbarkeit und Unbeherrschtheit

Barbarossa spricht vertraulich (vgl. XV/V. 18) mit dem fremden Besucher, erläutert, was ihm wichtig ist, und fragt nach Prominenten, die er kennt, die aber längst gestorben sind. Schmunzeln und fröhliches Händereiben begleiten seine Bemerkungen zu den Soldaten und Pferden, auf die er besonderen Wert legt, nonverbal (vgl. XV/V. 45, 51 f.). Die entscheidende Frage nach der politischen Lage in Deutschland stellt er aber nicht. Die Aufforderung des Gastes, unverzüglich loszuschlagen, wiegelt er mit allgemeinen Redensarten ohne Realitätsbezug ab. So kreist die Kommunikation im ersten Teil um die Schätze des Kaisers, die er mit Vergnügen präsentiert. Die ihm zugedachte Rolle als Retter des Vaterlands rückt dagegen in den Hintergrund.

3. Sprache und Kommunikation

Im nächsten Kapitel verlagern sich die Redeanteile von Barbarossa auf den Erzähler, bis das freundliche Gespräch ins Gegenteil umschlägt. Jetzt erst besinnt sich der Kaiser auf seine Würde und wirft dem Besucher vor, ihn respektlos „so vertraulich zu duzen" (XVI/V. 70), obwohl der Gast diese Anrede von Anfang an verwendet (vgl. XV/V. 70–72). Vermutlich bezieht er dessen unpersönliches „Du" – im Sinne von „man" – beim Beschreiben der Guillotine irrtümlich auf sich selbst und gerät in Panik. Er beschimpft den Besucher umgangssprachlich als „Bürschchen", dessen Worte ihm „die innerste Galle" aufregten und dem er „[d]ie kecken Flügel stutzen [werde]" (XVI/V. 71–74). Die Missachtung der höfischen Formen entrüstet ihn mehr als der Zustand seines Reichs, sodass er sich in jenem Fall zum Handeln entschließt.

4. Zusammenfassende Einschätzung

Während Barbarossa in der Sage und in der Hoffnung auf einen deutschen Nationalstaat zu einer nationalen Erlöserfigur erhöht wird, entzaubert – modern gesprochen: dekonstruiert – Heine dieses Bild des mittelalterlichen Kaisers. Dessen Verhalten führt schließlich dazu, dass der Erzähler für eine republikanische Zukunft Deutschlands ohne ihn oder einen anderen Monarchen plädiert. Diese Folgerung revidiert er allerdings im folgenden Caput. Denn Barbarossa, obwohl gealtert, verkörpere immer noch das wahre Mittelalter, das in der Romantik verklärt wurde, und sei imstande, die Herrschaft des verlogenen preußischen Rittertums zu beenden.

Hammonia

1. Die Person und ihr sozialer Status

Der Körper von „Hamburgs beschützende[r] Göttin" (XXIII/V. 108) wirkt einerseits erotisch attraktiv (vgl. XXIII/V. 59f.), andererseits sprengt er irdische Proportionen (vgl. XXIII/V. 71f., 75). Während ihre Züge die „weltlichste Natürlichkeit" ausstrahlen, verrät „das übermenschliche Hinterteil" „ein höheres Wesen" (XXIII/V. 73–76). Das

Hammonia auf einem Gemälde im Phönixsaal des Hamburger Rathauses, der dem großen Brand von 1842 gewidmet ist. Die Göttin ist über den Trümmern der Stadt zu sehen.

„rund[e] und kerngesund[e]" Gesicht sowie die rötliche Nase muten grob an, Augen, Wangen und Mund dagegen sind durch Vergleiche als besonders schön hervorgehoben (XXIII/V. 61–64). Hammonia trägt ein weißes, über die Knie reichendes römisches Leinenhemd und auf dem Kopf eine Mütze, die das Hamburger Wappen nachbildet (vgl. XXIII/V. 65–70). Mit dieser Kleidung und den übergroßen Körperteilen fällt sie als außergewöhnliche Person auf, deren Äußeres sich von dem anderer Menschen unterscheidet. Dadurch karikiert Heine die Göttin aber auch, was beim Vergleich mit ihrem Bildnis im Hamburger Rathaus zu erkennen ist.

Hammonia gibt sich als Tochter Kaiser Karls des Großen, der die Hansestadt gegründet haben soll, und einer Schellfischkönigin aus (XXVI/V. 7–10). Damit führt sie ihre Herkunft auf eine Sage zurück. Der Erzähler trifft die unsterbliche Frau jedoch im Prostituiertenbezirk an. Deshalb muss sie ihn aufklären, dass sie dessen ungeachtet eine „feine,/ Anständ'ge, moralische Person" sei (XXIII/V. 102f.). Sie bewohnt ein kleinbürgerliches, bescheidenes „Kämmerlein" (XXIV/V. 5), das ihrem Status eigentlich nicht angemessen ist. Denn die Göttin genießt in der Hansestadt hohes Ansehen, wie die Gratulanten und Gäste auf ihrem Hochzeitsfest vermuten lassen, das sie sich im Rausch ausmalt (vgl. XXVI/V. 85–98).

2. Eigenschaften, Einstellungen und Verhalten

2.1 Geschicktes und zielstrebiges Werben um den Erzähler

2.2 Aktive Rolle

Hammonia liebt den Erzähler, was sie jedoch erst im Verlauf der „Wundernacht“ (XXVII/V. 1) ihres Zusammenseins mit ihm, vom Alkohol verwirrt (vgl. XXVI/V. 1–3, 65–68), offen bekennt (vgl. XXVI/V. 69, 75f.). Vorher wirbt sie geschickt und zielstrebig um ihn. Damit setzt sie sich über das damals gängige Muster hinweg, dass der Mann auf die Frau zugeht. Sie ergreift die Initiative, indem sie ihn anspricht und darauf aufmerksam macht, dass sie ihn als Dichter verehrt. Auch das weitere Geschehen steuert sie aktiv: Sie fragt ihn nach den Gründen der Reise (vgl. XXIV/V. 29–32), sucht seine körperliche Nähe (vgl. XXV/V. 5f.), macht sich Sorgen um ihn, will erreichen, dass er in Hamburg bleibt, zeigt ihm Deutschlands Zukunft und stellt sich die Hochzeit mit ihm vor.

2.3 Aufforderung zum Bleiben

2.4 Konservativ-bürgerliches Weltbild

Um ihren Gast zum Bleiben zu bewegen, stellt sie Paris als sittenlos und verführerisch dar und beschönigt die Verhältnisse in Deutschland. In seinem Vaterland, so ihre Überzeugung, „herrschen noch Zucht und Sitte“ (XXV/V. 22). Die Bedingungen für Schriftsteller, die ihn veranlassten, nach Frankreich zu gehen, hätten sich gebessert. Die Missstände seien übertrieben worden (vgl. XXV/V. 37f.) und im Grunde sei es den meisten Menschen nicht schlecht gegangen. Die Göttin verteidigt die Vergangenheit vor der Aufklärung gegen die Gegenwart, die alles infrage stellt, und die innere, idealistische Freiheit gegen die äußere politische (vgl. XXV/V. 53–60). Sie sieht für die Zukunft schwarz, in der laute Auseinandersetzungen das ruhige, idyllische Leben verdrängten. So vertritt sie ein konservativ-bürgerliches Weltbild, das dem des bewunderten Dichters widerspricht. Merkwürdigerweise gilt ihre Zuneigung jetzt trotzdem ihm und nicht mehr Klopstock, den sie früher verehrt hat.

2.5 Freude am sinnlichen Genuss

Die Freude am sinnlichen Genuss der Liebe sowie von Speisen und Getränken teilt Hammonia mit dem Erzähler, der „die dunkle Zukunft“ (XXVI/V. 72) aber nicht vergessen will wie sie, sondern eine bessere erwartet. Mit ihrem listigen Angebot, ihm das zukünftige Deutschland zu zeigen, glaubt die Göttin ihre düstere Voraussage zu bestätigen. Sie beendet ihre Beschreibung, was er dabei zu tun habe, mit einem sonderbaren Lachen (vgl. XXVI/V. 37), das wie die Art und Weise, wie er den Eid zu leisten hat, die Fragwürdigkeit ihres Versprechens erkennen lässt. Der Dichter deutet, was er sieht, dann tatsächlich auch anders als sie: Er schließt sich nämlich ihrer düsteren Zukunftsprognose nicht an, sondern ihm wird das unvorstellbare Ausmaß der Aufgabe bewusst, in Deutschland politische Fortschritte zu erreichen. Wenn Hammonia meint, am Ziel zu sein, hat sie es verfehlt.

2.6 Verfehlen des Ziels

Die Stadtgöttin verfolgt ihre Absicht, den Erzähler an sich zu binden, mit einer breiten Palette an sprachlichen Strategien. Sie begrüßt ihn als alten Bekannten und geht zunächst auf dessen vermeintlichen Wunsch ein, die Nacht mit Prostituierten zu verbringen, die sie euphemistisch als „schöne[ ] Seelen“ und „holde[ ] Blumen“ bezeichnet (XXIII/V. 81, 89). Mit dem Hinweis auf die Vergänglichkeit der Schönheit lenkt sie die Aufmerksamkeit auf sich selbst, die Göttin, der die Zeit eigentlich nichts anhaben kann. Wenn sie später dennoch wehmütig feststellt, dass sie alt wird (vgl. XXVI/V. 5–12), weist dies auf ihre Zwitterstellung zwischen göttlichen und menschlichen Sphären hin.

3. Sprache und Kommunikation

Nachdem der Besucher sie mutig nach Hause begleitet hat, offenbart sie ihm dort, wie sehr sie ihn verehrt. Sie unterstreicht dieses Bekenntnis mit Erläuterungen zu Ort und Stellenwert seines Bildnisses und zu Klopstocks Büste. Dennoch appelliert sie an ihn, Hamburger Bürger nicht mehr zu ärgern und ihre Torheiten zu tolerieren. Dann verlagert sie das Gespräch mit der Frage nach den Gründen der Reise von ihrer Person auf die ihres Gastes. Im weiteren Verlauf beschreibt sie ihre Sorgen um ihn in Paris und bedrängt ihn, nicht in die französische Hauptstadt zurückzukehren. Diese Forderung untermauert sie mit Argumenten, welche die Vergangenheit weitaus günstiger als die Gegenwart und die Zukunft darstellen und damit den Wahrnehmungen und Einschätzungen des Besuchers frontal widersprechen. Mit dem Blick auf „das künftige Deutschland“ (XXV/V. 79) macht sie ihm jedoch ein verlockendes Angebot, das sie wegen der Redseligkeit des Erzählers zum Schein gleich wieder zurücknimmt. Er geht aber trotz des damit verbundenen Schweigegebots begeistert darauf ein (vgl. XXV/V. 69–84). Und als er aus der Ohnmacht erwacht, versucht ihn die verzückte Hammonia im Liebesrausch endgültig an sich zu binden, indem sie sich ihre gemeinsame Hochzeit vorstellt, auf der ihr die höchsten Repräsentanten der Stadt gratulieren. Diese Vision beendet der Zensor jedoch jäh.

4. Zusammenfassende Einschätzung

Wie der Rhein heißt Hammonia den Besucher, den beide vor dessen langer Abwesenheit gut gekannt haben, herzlich willkommen. Ihr Wohlwollen und ihre Freude stehen im Gegensatz zu der Abneigung, die der Erzähler und Preußen wechselseitig füreinander empfinden. In der Göttin verschmelzen wie in der Personifizierung des Flusses Wirklichkeit und Fiktion. Während Strom und Dichter in ihrer Sympathie für Frankreich übereinstimmen, gestaltet sich die Beziehung zwischen Hamburgs Stadtgöttin und ihrem Gast weitaus schwieriger. Denn Hammonia liebt ihn und will ihn für sich gewinnen, obwohl ihre Ansichten über Deutschland und Frankreich unterschiedlicher nicht sein könnten. In ihrem Werben kehren sich nicht nur die Geschlechterrollen um, sondern auch das Verhältnis zwischen dem Erzähler und der Göttin: Sie vergöttert nämlich ihn, nicht er sie.

Der Blick auf den Text: Die Textanalyse

Einen Textauszug analysieren – Tipps und Techniken

Für die Analyse eines Textauszugs stehen grundsätzlich zwei verschiedene Methoden zur Auswahl: die Linearanalyse und die aspektgeleitete Analyse.

In der **Linearanalyse** werden die einzelnen Abschnitte des Textauszugs ihrer Reihenfolge nach analysiert. Dies führt in der Regel zu genauen und detaillierten Ergebnissen. Allerdings besteht die Gefahr, dass die übergeordneten Deutungsschwerpunkte aus dem Blick geraten.

In der **aspektgeleiteten Analyse** werden die Deutungsschwerpunkte von vornherein festgelegt. Daraus ergibt sich normalerweise eine problemorientierte und zielgerichtete Vorgehensweise. Die Deutungsaspekte, die nicht im Fokus des Interesses stehen, werden jedoch vernachlässigt.

Aufbauschema

1. **Einleitung:**
   - Autor, Titel, Gattung, Erscheinungsjahr des Werks
   - Ort, Zeit und Figuren des Textauszugs
   - Thema, kurze Inhaltsangabe
   - Versform

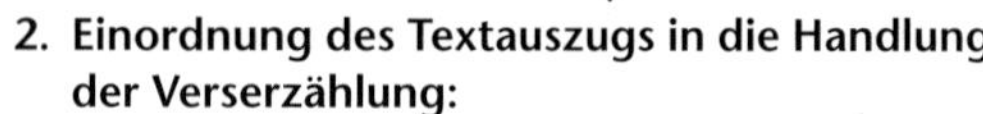

2. **Einordnung des Textauszugs in die Handlung der Verserzählung:**
   Was geschieht vorher, was nachher?

Linearanalyse | *aspektgeleitete Analyse*

Linearanalyse:

3. **Inhaltlicher Aufbau:**
   - Auflistung der Textabschnitte/Textgliederung

4. **Beschreibung und Deutung der aufgelisteten Textabschnitte:**
   - Aussagen zum Inhalt des Abschnitts
   - Aussagen zur Deutung, Einbettung in den Zusammenhang der Verserzählung
   - Einbeziehung der sprachlichen Gestaltung
   - Überleitung zum nächsten Textabschnitt

aspektgeleitete Analyse:

3. **Untersuchungsschwerpunkte:**
   - Auflistung der ausgewählten Untersuchungsaspekte

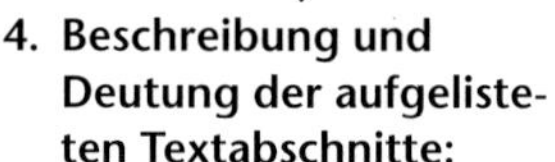

4. **Beschreibung und Deutung der ausgewählten und aufgelisteten Untersuchungsaspekte:**
   - Benennen des jeweiligen Aspekts
   - Aussagen zur Deutung, Einbettung in den Zusammenhang der Verserzählung
   - Einbeziehung der sprachlichen Gestaltung

5. **Schluss:**
   - Zusammenfassung der Ergebnisse
   - Einordnung in einen größeren Deutungszusammenhang
   - Bewertung

Zu beiden Analysemethoden präsentieren die folgenden Seiten je einen Lösungsvorschlag.

Übungsvorschlag

Erarbeiten Sie zunächst jeweils eine eigene Lösung der beiden Aufgaben und vergleichen Sie diese dann mit den vorliegenden Beispielen.

- Stellen Sie fest, wodurch sich beide Versionen unterscheiden.
- Beurteilen Sie, welche Fassung Ihnen schlüssiger erscheint.
- Untersuchen Sie, welche zusätzlichen Anregungen und Einsichten Sie aus den Beispieltexten gewinnen können.

Beispiel einer Linearanalyse (Caput VIII)

Aufgabe: Analysieren (beschreiben und deuten) Sie Caput VIII unter inhaltlichen und sprachlichen Gesichtspunkten.

Einleitung

Heinrich Heine, der seit 13 Jahren in Paris lebt, reist im Herbst 1843 mit der Postkutsche nach Hamburg, wo seine Mutter und weitere Verwandte von ihm wohnen. Seine Eindrücke und Reflexionen auf der Fahrt durch sein Vaterland schildert der Erzähler in „versifizierten Reisebildern" mit dem Titel „Deutschland. Ein Wintermärchen" (1844), die ein knappes Jahr nach der Reise erscheinen. Sie sind in volksliedhaften Strophen aus vier Zeilen verfasst, in denen die erste und dritte aus vier Betonungen, die zweite und vierte aus drei betonten Silben bestehen. Letztere reimen sich mit weiblichen Endungen.

Die Verserzählung folgt den einzelnen Stationen von der deutsch-französischen Grenze bis in die Hansestadt an der Elbe. Heine, der bekannteste politische Dichter des Jungen

Deutschland, geht auf staatliche Missstände ebenso ein wie auf seine Gefühle bei der Rückkehr in die Heimat nach langer Abwesenheit. Auf dem Weg von Köln nach Hagen vermischen sich beide Ebenen in Beobachtungen und Erinnerungen des Erzählers.

Einordnung des Textauszugs

Schon an der deutschen Grenze haben den Besucher gegensätzliche Empfindungen erfasst, die er auch im weiteren Verlauf der Reise und in Caput VIII zum Ausdruck bringt: das Glück, wieder im Heimatland zu sein, und die Abneigung gegen Preußen, dem auf dem Wiener Kongress eine große Rheinprovinz zugesprochen wurde. Über Aachen erreicht der Erzähler Köln, wo er einerseits den Dom als Sinnbild religiösen und nationalen Wahns wahrnimmt, andererseits der personifizierte Rhein seine Liebe zu Frankreich teilt. In Caput VIII schildert der Dichter, wie er durch Mülheim fährt, wo er die Atmosphäre bei einem früheren Besuch mit den gegenwärtigen Verhältnissen vergleicht. Anschließend genießt er in Hagen ein reichhaltiges Mittagsmahl, um in der Nacht Unna zu erreichen. Weitere wichtige Kapitel handeln von der Sage um Kaiser Barbarossa und Traumgesprächen mit ihm sowie vom Aufenthalt in Hamburg. Dort erlebt er mit der Stadtgöttin Hammonia eine abenteuerliche Nacht.

Inhaltlicher Aufbau

Im ersten Abschnitt von Caput VIII (V. 1–16) stellt der Erzähler die äußeren Bedingungen und seine Gefühle während der Fahrt dar. Im zweiten (V. 17–44) erinnert er sich an seinen letzten Aufenthalt in Mülheim im Jahr 1831 und stellt fest, dass die damaligen Hoffnungen auf einen baldigen Abzug der Preußen enttäuscht wurden. Im dritten Teil schließlich (V. 45–68) beschreibt er die feierliche Überführung von Napoleons sterblichen Überresten nach Paris, die ihn in traurige Stimmung versetzt hat.

1. Abschnitt

Der Dichter muss, wie er im ersten Abschnitt beschreibt, die Reiseetappe unter ungünstigen Umständen zurücklegen: an einem feucht-grauen „Spätherbstmorgen" bei

„schlechte[m] Wetter[ ]“ (V. 5, 7) und auf schlammigen Wegen, auf denen die Kutsche nur schwer vorankommt. Da im geschlossenen Wagen kein Platz mehr gewesen ist, muss er sich in einem halb offenen der nassen Witterung aussetzen. Trotz dieser ungemütlichen Bedingungen erfüllt ihn „süßes Behagen“ (V. 8) und seine Wangen glühen freudig erregt. In Ausrufesätzen bricht die Begeisterung darüber aus ihm heraus, dass ihn „meine Heimatluft“ umgibt und die aufgeweichten Straßen durch sein „Vaterland[ ]“ führen (V. 9, 12). Die Glücksempfindungen sind also weitaus stärker als die Unannehmlichkeiten. Die innere Freude vergoldet sogar den Mist der Pferde, aus deren Wedeln mit dem Schwanz der Reisende schließt, dass sie sich über ihn freuen und sich ähnlich wohlfühlen wie er (vgl. V. 13–16).

Innere Glücksgefühle trotz ungünstiger Reisebedingungen

Das Hochgefühl hält bis Mülheim an, wo der Erzähler im zweiten Abschnitt an seinen letzten Besuch in der Stadt zurückdenkt, als im Mai – anders als an diesem Novembermorgen – die Sonne geschienen hat und die Blumen geblüht haben. „Die Vögel sangen sehnsuchtvoll“ (V. 23) und verkündeten auf ihre Weise die Hoffnung der Menschen auf Freiheit, deren Erfüllung die Vertreibung der Preußen voraussetzt. Die personifizierte Freiheit ist „mit Spiel und Tanz“ (V. 29) erwartet worden und damit so, wie die Bevölkerung im Frühlingsmonat das Ergrünen und Erblühen der Natur fröhlich feiert. Der natürlichen Erneuerung entspricht der politische Fortschritt, der damals von der französischen Julirevolution 1830 ausging und den die blau-weiß-rote Trikolore symbolisiert. Heine nahm die Nachrichten von diesem Ereignis begeistert auf, das für ihn ein wichtiger Grund war, nach Frankreich zu ziehen. Auch die Menschen im Rheinland hätten damit gerechnet, dass die Revolution in Frankreich auf ihre Provinz übergreife und sie die von Napoleon eingeführten Rechte zurückerhielten, die Preußen ihnen im Zuge der Restauration genommen hatte. Diese Zuversicht hätten sie in das Bild

2. Abschnitt

Freiheitshoffnungen beim vorausgehenden Besuch in Mülheim

von der Auferstehung des französischen Kaisers gekleidet (vgl. V. 31 f.).

Stimmungsumschwung

Mit dem Seufzer „Ach Gott!“ (V. 33) findet ein Stimmungsumschwung statt, weil der Erzähler feststellen muss, dass die einstigen Hoffnungen nicht in Erfüllung gegangen sind. Den fremden Preußen gehöre die Rheinprovinz noch immer und sie ließen es sich dort gut gehen. Denn sie seien mager und blass gekommen und „haben jetzt dicke Bäuche“ (V. 36) und vom Wein, den sie in großen Mengen tränken, rote Nasen. Der Dichter nennt sie „Ritter“ (V. 33), weil ihr Staat das Mittelalter romantisch verklärt, und beschimpft sie als Narren und Schurken (vgl. V. 34, 37), weil sie seine Heimat ausbeuten, den Menschen die Errungenschaften der Französischen Revolution vorenthalten und ihnen Freiheit und nationale Einheit verwehren. Deshalb betrachtet der Erzähler wie Heine Preußen als seinen Hauptgegner, den er an vielen Stellen des „Wintermärchens“ angreift oder verspottet.

Trauer wegen erlahmter Freiheitsbestrebungen in Frankreich

Die Freiheit wird aber nicht nur den Deutschen verweigert, sondern sie ist auch in Frankreich durch die große politische und wirtschaftliche Macht des Bürgertums bedroht. Der enttäuschte Dichter greift die Personifizierung in den Versen 29–32, die 1831 die Befreiung durch Bewegungsfreude und Heiterkeit veranschaulichte, mit dem Hinweis auf eine Fußverletzung auf, die jetzt Springen und Stürmen verhindere. Seine traurige Resignation überträgt er auf die Trikolore, der er mit dem Schauen ebenfalls menschliche Eigenschaften zuschreibt. Diese Strophe mit den Versen 41 bis 44 leitet zum dritten Abschnitt über.

3. Abschnitt

Dort erreicht die Niedergeschlagenheit des Erzählers ihren Höhepunkt mit der Einsicht, dass die Auferstehung Napoleons anders vonstattenging, als er hoffte. Denn nach der Julirevolution 1831 wurden nicht die Freiheiten erneuert, für die sich nach Heines Auffassung der Kaiser einsetzte, sondern die Interessen des Bürgertums bedient.

Glanzvoller Trauerzug und enttäuschte Hoffnungen

Die zerstörten Hoffnungen malt der Dichter nun in dem glanzvollen Trauerzug aus, mit dem der tote Napoleon im Dezember 1840 feierlich in den Pariser Invalidendom überführt wurde. Denn die Inszenierung beschwört einen „imperiale[n] Märchentraum" (V. 63) herauf, mit dem die politische Gegenwart nichts mehr zu tun hat. Der Begriff „Märchentraum" verdoppelt den Gegensatz zwischen dem prunkvollen Schauspiel und der tristen Realität. Einerseits lebte die einstige Größe der Nation noch einmal auf, der die Menschen- und Freiheitsrechte zu verdanken sind: durch das viele Gold, auf das Wiederholungen aufmerksam machen (vgl. V. 50–52); durch die Siegesgöttinnen auf dem Leichenwagen; durch dessen Fahrt auf der Prachtstraße Champs-Elysées und unter dem Triumphbogen hindurch sowie durch Hochrufe auf den Kaiser. Andererseits verbreiteten Kälte, Nebel und Schnee, die langsame Fortbewegung des Zugs, die „[m]isstönend schauerlich[e] […] Musik" (V. 57) und die in Erinnerungen an die Vergangenheit verlorenen Menschen eine gedrückte Stimmung. Sie bringt das Unwirkliche besonders deutlich zur Geltung. Der Dichter empfindet den Kontrast zwischen den großen Zielen der Revolution und der jämmerlichen Wirklichkeit so schmerzlich, dass er weint.

Einstige Größe und Wehmut

In Caput VIII gewährt der Erzähler Einblick in die starken gegensätzlichen Gefühle, denen er ausgesetzt ist. Sie werden zwar durch das äußere Geschehen ausgelöst, stellen sich im Innern aber gegen dieses. Denn bei unangenehmen Reisebedingungen fühlt er sich glücklich und ein prachtvolles Ereignis stimmt ihn traurig.

Schluss

Der Seelenschmerz ist jedoch nicht von Dauer. Schon in Hagen, der nächsten Station, muntert ein reichhaltiges Mittagsmahl den Erzähler wieder auf (vgl. IX). Seine Empfindungen schwanken auf der Reise mehrfach zwischen der begeisternden Gewissheit, dass bessere Zeiten kommen, und deprimierenden Erfahrungen, die ihn mit der Stärke seiner Gegner konfrontieren. Letztlich ist der Dichter aber davon überzeugt, dass sich Freiheit und Gleichheit durchsetzen und er dazu wesentlich beitragen kann. Diese Botschaft geht vom ersten und letzten Caput aus, die das „Wintermärchen“ einrahmen und so das Auf und Ab der Stimmungen auffangen.

Beispiel einer aspektgeleiteten Analyse (Caput XIII)

Aufgabe: Analysieren (beschreiben und deuten) Sie Caput XIII unter inhaltlichen und sprachlichen Gesichtspunkten.

Einleitung

Heinrich Heine zeichnet in der Verserzählung „Deutschland. Ein Wintermärchen“ (1844) ein düsteres und gleichzeitig satirisch aufgeheitertes Bild von den politischen Verhältnissen seines Vaterlands im Jahr 1843. Auf der Reise von Paris, wo der Erzähler seit 13 Jahren wohnt, nach Hamburg, wo er seine Mutter und seinen Verleger besucht, erlebt er aber auch die angenehmen und vertrauten Seiten seiner Heimat. Als ihn in der französischen Hauptstadt das Heimweh überfällt, macht er sich auf den Weg. Die Eindrücke, Gedanken und Träume auf der Fahrt und in der Hansestadt schildert er in einer ganz neuen Gattung, die er „versifizierte Reisebilder“ nennt. Er verwendet eine eingängige Strophenform, die derjenigen in Volksliedern ähnelt und aus jeweils vier Versen besteht. Die erste und dritte Zeile bestehen aus vier betonten Silben, die zweite und vierte aus drei Betonungen und einem männlichen Endreim.

Einordnung des Textauszugs

Nachdem der Erzähler bei Aachen die deutsche Grenze erreicht und in Köln den Rhein begrüßt, aber auch Gespenstisches erlebt hat, reist er über Mülheim, Hagen und Unna weiter durch den Teutoburger Wald. Dort zwingt ihn ein defektes Kutschenrad mitten in der Nacht zu einer Unterbrechung, bei der er Wölfe heulen hört. In einer fingierten Ansprache wendet er sich an die wilden Tiere, die er als Revolutionäre anspricht, um zu beteuern, dass er zu ihnen gehört. Im anschließenden Caput XIII kommen am nächsten Morgen beim Sonnenaufgang und beim Anblick eines Wegkreuzes jedoch ganz andere Gedanken in ihm auf, in denen er Zweifel am eigenen Tun zu hegen scheint. Erinnerungen an Erzählungen aus der Kindheit, insbesondere die Barbarossa-Sage, erneuern die alte Zuversicht aber schnell wieder. Über Minden und Hannover gelangt er nach Hamburg, wo ihn die Folgen des Großbrandes von 1842 und die im Lauf der Zeit veränderten Menschen aufwühlen. Nach einem Abendessen mit seinem Verleger Campe begegnet er der Stadtgöttin Hammonia, die ihn liebt und an sich zu binden versucht.

Untersuchungsschwerpunkte

Wahrnehmungen und Gedanken des Reisenden in Caput XIII scheinen auf die Vergeblichkeit von Wollen und Handeln hinauszulaufen. Zu diesem ersten Aspekt lassen sich in einem zweiten Schritt Hinweise finden, dass die Entmutigung auch den Erzähler erfasst. Ironiesignale und andere Indizien, denen im dritten Teil nachgegangen wird, ziehen diese Folgerung aber in Zweifel.

1. Aspekt: Vergeblichkeit

Personifizierte Sonne und mythologische Gestalten

Der Grundton der Vergeblichkeit erklingt in Caput XIII durchgehend und dominant. Der Reisende bewundert den Aufgang der Sonne nicht als großartiges Naturschauspiel, sondern er denkt an ihren Verdruss darüber, dass sie nie die ganze Erde erhellt. Er personifiziert das Gestirn und verdoppelt dessen Unmut, indem er sowohl die Tätigkeit als auch die Gebärde als ärgerlich bezeichnet (vgl. V. 2f.). Das immer gleiche, aber nichts bewirkende Bemühen stellt er in eine Reihe mit mythologischen Gestalten. Die Töchter des Danaos sollen ein löchriges Fass mit Wasser füllen und Sisyphus wälzt einen Stein den Berg hinauf, der jedes Mal wieder zurückrollt.

Die betrübliche Stimmung steigert sich, als der Erzähler ein Kruzifix erblickt. Er versteht es nicht als religiöses Symbol, dass Jesus für die Sünder gestorben ist und den Tod überwunden hat, sondern als Sinnbild, dass ein „Menschheitsretter“ (V. 20) gescheitert sei. In einer Gedankenrede spricht er ihn als „Narr“ an, weil er „die Welt erlösen“ wollte (V. 19f.) und sich damit ein unerreichbares Ziel gesteckt habe. Er rügt den Gekreuzigten, Kirche und Staat in seinen Predigten nicht geschont sowie Geldhändler und -verleiher mit Gewalt aus dem Tempel getrieben zu haben. Schließlich führt er Jesu Unglück auf die nicht vorhandene Zensur zurück, die ihn vor der Hinrichtung bewahrt hätte. Wäre der Mann am Kreuz den Vorstellungen des Erzählers gefolgt, hätte er nichts bewirkt und seine Botschaft niemand gehört.

Gedankenrede an Jesus am Kreuz

2. Aspekt: Identifikation

Ein weiterer Gesichtspunkt ergibt sich daraus, dass der Reisende den Gekreuzigten als „arme[n] Vetter“ anredet, der ihn „[m]it Wehmut erfüllt“ (V. 17f.). Daraus folgt, dass sich der Erzähler in einer ähnlichen Lage sieht, in der er als Retter der Menschheit ebenfalls erfolglos bleibt. Er konfrontiert sein Gegenüber mit Einwänden, denen eigene Erfahrungen zugrunde liegen: mit dem Aufruf zur Rücksicht gegen weltliche und kirchliche Obrigkeit; mit der Empfehlung, ein Buch über Himmelsfragen zu schreiben, das irdische Probleme ausspart; mit dem Bezug auf die Zensur und mit der Episode über „Geldwechsler, Bankiers“ (V. 37), mit der er auf den Finanzsektor anspielt, der im 19. Jahrhundert durch den Kapitalismus zum wichtigsten Wirtschaftsfaktor wurde.

Einwände vor dem Hintergrund eigener Erfahrungen

Sonne als Aufklärungssymbol

Auch bei dem „verdrießlich[en] Geschäft“ der Sonne (vgl. V. 1–3) liegt die Ähnlichkeit mit dem Engagement des Dichters auf der Hand, denn ihr Licht symbolisiert die Aufklärung und die Überwindung der Dummheit auf der Erde (vgl. V. 4). Mit dem eigenen Verstand gewonnene Erkenntnisse stellen staatliche und religiöse Autoritäten infrage, die bisher keinem Zweifel ausgesetzt waren. Auf diese Mächte nahm nicht nur Jesus keine Rücksicht, sondern auch der Dichter des „Wintermärchens“ greift sie scharf an. Seine Überzeugung im letzten Caput, dass sich die Wahrheit gegen das „alte Geschlecht der Heuchelei“ und seine „Lügenkrankheit“ (XXVII/V. 5, 8) durchsetzen wird, entspringt aufklärerischem Denken. Und das Freiheits- und Gleichheitslied im ersten Caput greift Forderungen der Französischen Revolution auf, die Ideen der Aufklärung politisch umsetzt.

3. Aspekt: Ironie

Missachtung der eigenen Ratschläge

Vergeblichkeit und Entmutigung sind jedoch nicht das ausschließliche Thema des Caputs, wie die folgenden Überlegungen zeigen. Der Erzähler beachtet im „Wintermärchen“ nämlich seine eigenen Ratschläge und Vorsichtsmaßnahmen nicht, die er dem Mann am Kreuz im Vorüberfahren nachträglich ans Herz legt. Er lässt dessen „warnendes Exempel“ (V. 40) außer Acht und versucht, mit seinen Mitteln die Welt zu verbessern. Was er dem Gekreuzigten rät, kann er deshalb nicht ernst meinen. Was er tatsächlich denkt, sagt er ironisch, indem er das Gegenteil ausspricht. Diese Redeweise ist zum Beispiel daran zu erkennen, dass er die Zensur mit Liebe und Lebensrettung in Verbindung bringt (vgl. V. 31 f.). Denn in Wirklichkeit leidet er körperlich und geistig unter der Beschränkung der Meinungsfreiheit (vgl. XXV/V. 29–32, XXVI/V. 101–104). Auch dass er Maßnahmen gegen verbotene Veröffentlichungen im 19. Jahrhundert unpassend auf die Zeit Jesu überträgt, ist ein Mittel der Ironie, das ein düsteres Kapitel mit Humor etwas aufhellt.

Respektlosigkeit

Mit der respektlosen Gedankenrede an den Gekreuzigten setzt sich der Reisende über die Verehrung hinweg, die Christen ihrem Religionsstifter entgegenbringen, und als dessen Ratgeber kehrt er das Verhältnis zwischen den Menschen und Gottes Sohn sogar um.

Schluss

In Caput XIII scheint sich beim Erzähler wie im zweiten Teil von Kapitel VIII das Gefühl durchzusetzen, dass sich nie etwas ändert und er nichts erreicht. Vermeintlich folgert er, dass diejenigen, die sich mit neuen Ideen für Verbesserungen einsetzen, zum Scheitern verurteilt seien. Solche trüben Stimmungen überkommen ihn in Deutschland, wo die Aufklärung im geistigen Raum stattfindet und Freiheit in Träumen ausgelebt wird, Staat und Gesellschaft davon aber nicht berührt werden. Die düsteren Empfindungen gehen jedoch vorüber, denn im „Wintermärchen“ überwiegen Zuversicht und Angriffslust. In Anbetracht der riesigen Aufgabe müssen sie entsprechend groß sein. Es ist ein Kennzeichen der Verserzählung, dass die Gefühle des Reisenden extrem hin- und herpendeln.

Der Blick auf die Prüfung: Themenfelder

Dieses Kapitel dient zur unmittelbaren Vorbereitung auf die Prüfung: Schulaufgabe bzw. Klausur oder schriftliche bzw. mündliche Abiturprüfung. Die wichtigsten Themenfelder werden in einer übersichtlichen grafischen Form dargeboten. Außerdem verweist eine kommentierte Liste mit Internetadressen (S. 172f.) auf mögliche Quellen für Zusatzinformationen im Netz.

Die schematischen Übersichten können dazu genutzt werden,

- die wesentlichen Deutungsaspekte der Verserzählung kurz vor der Prüfung im Überblick zu wiederholen,
- die Kerngedanken der Reisebilder nochmals selbstständig zu durchdenken,
- mögliche Verständnislücken nachzuarbeiten und
- unterschiedliche literaturgeschichtliche Einflüsse in Erinnerung zu rufen.

Zum Verständnis der Übersichten ist die Kenntnis der vorangegangenen Kapitel unerlässlich. Die Auswahl der folgenden Schwerpunkte beruht auf Erfahrungen aus jahrelanger Prüfungspraxis. Die Übersicht IV (Vergleichsmöglichkeiten mit anderen literarischen Werken, S. 171) soll anregen, interessante Vergleichspunkte zwischen dem Reiseepos und weiteren eigenen Lektüren zu finden.

Übersicht I: Reiseverlauf, Inhalte, Themen

Stationen	Inhalte	Themen
Deutsch-französische Grenze (I, II)	• Lieder des Harfenmädchens und des Dichters • Zollkontrolle	• Jenseits- und Diesseitsorientierung • Gleichheit und Freiheit • Gedankenschmuggel
Aachen (III)	• preußisches Militär und Adlerwappen	• Untertanen- und Widerstandsgeist
Köln (IV–VII)	• Abendessen, Stadtgeschichte und Dom • Gespräch mit dem Rhein • geheimnisvoller Begleiter	• Glaubenskämpfe • Funktion und Symbolik des Doms • Verhältnis zu Frankreich • Denken und Handeln
Von Köln nach Unna (VIII–X)	• Reisebedingungen und Empfindungen • Vergleich 1831/43 • Überführung des toten Napoleon • Aufenthalte in Wirtshäusern	• Heimatgefühle und preußische Fremdherrschaft • deutsche Speisen • Sympathie für Westfalen
Teutoburger Wald und Paderborn (XI–XIII)	• Römerzeit und Gegenwart • Rede an die Wölfe • Sonnenaufgang und Kruzifix	• Verspottung bekannter Preußen • Rechtfertigung des eigenen Verhaltens • Vergeblichkeit
Unterwegs in der Postkutsche (XIV–XVII)	• Kaiser Barbarossa	• Befreiung Deutschlands
Minden und Hannover (XVIII, XIX)	• Ankunft in der Festung und Albtraum • Palast und sein Bewohner	• Haft und Folter • Unfähigkeit des Königs
Hamburg I (XX–XXIII)	• Besuch bei der Mutter • Großbrand und seine Folgen • Abendessen mit Campe	• Beziehung Mutter/erwachsener Sohn • Veränderung und Vergänglichkeit
Hamburg II (XXIII–XXVII)	• Zusammensein mit Hammonia • Blick in die Zukunft • Warnung an den preußischen König	• Reisegründe • Werben der Göttin • Fortschritt • Waffen des Dichters

Übersicht II: Der Erzähler

Gefühle
- Heimweh
- Gewissheit radikaler Veränderungen durch die nächste Generation
- Skepsis, Trauer, Anflug von Vergeblichkeit
- Angst während des Albtraums in Minden
- Angriffs- und Spottlust
- Anteilnahme nach der Brandkatastrophe in Hamburg
- Staunen über die Vergänglichkeit

Person
- deutscher Dichter, der seit 13 Jahren in Paris lebt
- wohnte früher, wie jetzt seine Mutter und sein Verleger, in Hamburg
- enge, freundschaftliche Beziehung zum Rhein
- finanziell gut ausgestattet

Einstellungen und Ziele
- konsequenter Vertreter der Aufklärung
- Anhänger der Französischen Revolution und Napoleons
- Liberalität und Fortschrittsglaube
- Unabhängigkeit von Parteien
- Distanz zu starren Weltanschauungen
- Genuss im Diesseits

Der Erzähler

Verlangen nach …
- politischer Freiheit und sozialer Gleichheit
- deutscher Sprache und Literatur
- Toleranz
- Sinneseindrücken der Heimat
- Frankreich
- einer Frau
- Erinnerungsorten

Abneigung gegen …
- Jenseitsorientierung
- Preußen, Unterdrückung, Zensur
- die vielen absolutistisch regierten Kleinstaaten in Deutschland
- Rückständigkeit, Untertanengeist und realitätsferne Träumereien
- überheblichen, feindseligen, populistischen Nationalismus
- unzeitgemäße Wiederbelebung des Mittelalters
- religiösen Fanatismus

Übersicht III: Romantik und politische Dichtung

Romantische Motive und Themen

- Volkslieder →
- Sagen und Märchen
- Nacht und Tod
- Mondschein
- Rhein: viel besungenes Reiseziel und nationales Symbol
- katholische Kirche: Einheit der Christenheit und Europas
- Kölner Dom als Beispiel mittelalterlicher Gotik
- geheimnisvoll-gespenstische Figuren des stummen Begleiters und der belebten Skelette der Heiligen Drei Könige
- Kaiser Barbarossa
- Rückbesinnung in Preußen auf das Mittelalter
- Pickelhaube als Nachahmung von Ritterhelmen
- Träume und fantastische Szenen

Anlehnung des „Wintermärchens“ durch eine einfache, volkstümliche Vers- und Strophenform:

- Zeilen mit vier (1./3.) und drei (2./4.) betonten Silben
- wechselnde Anzahl unbetonter Silben dazwischen
- Endreim im zweiten und vierten Vers

Zerrissenheit des modernen Menschen und Dichters

Politische Motive und Themen

- Gleichheit und Freiheit in einem neuen, besseren Lied
- Anprangerung der politischen Verhältnisse in Deutschland
- Sympathie für revolutionäre Entwicklungen
- Widerstand gegen die Macht der römischen Kirche durch Luther und die Reformation
- düstere und hoffnungsvolle Zukunftsperspektive
- Drohungen gegen den preußischen König
- notwendige Fortschritte der Menschheit

↓

Sprachliche und formale Konsequenzen

- Witz und Humor
- Ironie und Satire
- ungewöhnliche Reime
- Enjambements
- Wiederholungen und Variationen
- Nebeneinander von politischen Reflexionen und Reiseerlebnissen/Stimmungen
- versifizierte Reisebilder als neue Gattung

Übersicht IV: Vergleichsmöglichkeiten mit anderen literarischen Werken

Heinrich Heine: „Deutschland. Ein Wintermärchen"

Deutschland
- H. J. Chr. v. Grimmelshausen: Der abenteuerliche Simplicissimus Deutsch (auch Reise- und satirischer Roman)
- G. Büchner: Der hessische Landbote
- S. Lenz: Deutschstunde
- R. Hochhuth: Eine Liebe in Deutschland
- W. Biermann: Deutschland. Ein Wintermärchen (auch Reiseerzählung und Satire)
- U. Timm: Die Entdeckung der Currywurst
- Th. Brussig: Am kürzeren Ende der Sonnenallee
- Chr. Kracht: Faserland

Preußen
- H. v. Kleist: Prinz Friedrich von Homburg
- Th. Fontane: Frau Jenny Treibel, Die Poggenpuhls
- Th. Mann: Königliche Hoheit
- H. Mann: Der Untertan
- C. Zuckmayer: Der Hauptmann von Köpenick (auch satirisches Theaterstück)
- H. J. Schädlich: Sire, ich eile

Reiseliteratur
- D. Defoe: Robinson Crusoe
- J. W. v. Goethe: Italienische Reise
- J. G. Seume: Spaziergang nach Syrakus im Jahre 1802
- J. v. Eichendorff: Aus dem Leben eines Taugenichts
- H. Heine: Harzreise
- M. Twain: Bummel durch Europa
- C. Nooteboom: Der Umweg nach Santiago
- S. Nadolny: Die Entdeckung der Langsamkeit
- H. Kerkeling: Ich bin dann mal weg
- F. Chr. Delius: Der Spaziergang von Rostock nach Syrakus

Humor, Witz, Komik, Ironie, Satire
- Aristophanes: Die Vögel, Die Frösche
- W. Shakespeare: u. a. Ein Sommernachtstraum, Die lustigen Weiber von Windsor, Der Widerspenstigen Zähmung
- Cervantes: Don Quichotte
- Molière: u. a. Der Geizige, Der eingebildete Kranke, Der Menschenfeind, Tartuffe
- G. E. Lessing: Minna von Barnhelm
- H. v. Kleist: Der zerbrochene Krug
- G. Büchner: Leonce und Lena (auch Deutschlandsatire)
- Th. Mann: Bekenntnisse des Hochstaplers Felix Krull

Internetadressen

Unter diesen Adressen kann man sich zusätzlich informieren:

www.hhp.uni-trier.de/Projekte/HHP/start
(elektronische wissenschaftliche Gesamtausgaben von Heines Werken und Briefen, verknüpft mit digitalisierten Handschriften-, Bild- und Buchbeständen aus dem Heine-Institut und einigen anderen Bibliotheken und Archiven)

www.duesseldorf.de/heineinstitut/
(u. a. Informationen zu Heinrich Heine und über die weltweit einzige Dauerausstellung „Romantik und Revolution" zu Leben und Werk des Dichters)

http://bildungsserver.hamburg.de/deutschland-ein-win termaerchen/
(Text der Verserzählung „Deutschland. Ein Wintermärchen" sowie Materialien, Interpretationen und Erläuterungen, Rezeption, Werke und Briefe des Dichters)

www.ardmediathek.de/radio/Klassiker-der-Weltliteratur/Heinrich-Heine-Deutschland-Ein-Winter/ARD-alpha/Video?bcastId=14913194&documentId=28548360
(einführender Film über das „Wintermärchen" in der Reihe „Klassiker der Weltliteratur" im Bildungskanal alpha der ARD)

www.br.de/radio/bayern2/wissen/radiowissen/heinrich-heine100.html
(knapp halbstündige Radiosendung des Bayrischen Rundfunks – Bayern 2 Wissen – über die Verserzählung „Deutschland. Ein Wintermärchen")

www.heinrich-heine-denkmal.de/
(Leben, Leiden und Werk Heinrich Heines sowie Hintergründe und weiterführende Links)

www.bpb.de/apuz/29973/warum-heine-heute?p=all
(Vortrag des langjährigen Vorsitzenden der Heinrich-Heine-Gesellschaft, Joseph Anton Kruse, über das Thema „Warum Heine heute?" mit Schwerpunkten auf der Unabhängigkeit und den Überlebensstrategien des Dichters in der sich anbahnenden Moderne)

[Stand: 19.01.2017]

Literatur

Textausgabe

Heinrich Heine: Deutschland. Ein Wintermärchen. Erarbeitet von Gerhard Friedl. Hrsg. von Johannes Diekhans. Paderborn: Schöningh Verlag [2]2014.

Werke und Briefe

Heinrich Heine: Sämtliche Gedichte. Kommentierte Ausgabe. Hrsg. von Bernd Kortländer. Stuttgart: Reclam (UB 18394) 2006.

Heinrich Heine: Reisebilder. Zürich: Diogenes Verlag (detebe) 2005.

Heinrich Heine: Mein Leben. Autobiographische Texte. Hrsg. von Joseph A. Kruse. 2. Aufl. Berlin: Insel Verlag 2005.

Heinrich Heine. Historisch-kritische Gesamtausgabe der Werke. In Verbindung mit dem Heinrich-Heine-Institut hrsg. von Manfred Windfuhr im Auftrag der Landeshauptstadt Düsseldorf. 15 Bände. Hamburg: Hoffmann und Campe 1973–1997. [Kurzform: DHA]

Heinrich Heine. Säkularausgabe. Werke, Briefwechsel, Lebenszeugnisse. Hrsg. von der Klassik Stiftung Weimar und dem Centre National de la Recherche Scientifique. 27 Bände. Briefe: Bd. 20–27. Berlin: de Gruyter 1970ff.

Weitere Primärliteratur

Wolf Biermann: Deutschland. Ein Wintermärchen. Berlin: Klaus Wagenbach (Quarthefte) 1972.

Sekundärliteratur

Jörg Aufenanger: Heinrich Heine in Paris. München: dtv 2005.

Werner Bellmann: Erläuterungen und Dokumente zu Heinrich Heine: Deutschland. Ein Wintermärchen. Stuttgart: Reclam (UB 8150) 2005.

Karlheinz Fingerhut: Heinrich Heine: Deutschland. Ein Wintermärchen. Frankfurt am Main: Diesterweg (Grundlagen und Gedanken zum Verständnis erzählender Literatur) 1992.

Gerhard Höhn: Heine-Handbuch. Zeit, Person, Werk. 3. überarb. u. erw. Aufl. Stuttgart: Metzler 2004.

Hartmut Kircher: Deutschland. Ein Wintermärchen und andere Gedichte. München: Oldenbourg (O. Interpretationen Bd. 83) 1997.

Christian Liedtke: Heinrich Heine. 3. Aufl. Reinbek bei Hamburg: Rowohlt (rororo Monografie) 1999.

Marcel Reich-Ranicki: Der Fall Heine. 4. Aufl. München: dtv 2006.

Ursula Roth, Heidemarie Vahl: Heinrich Heine zum Kennenlernen. Düsseldorf: Heinrich-Heine-Institut 1996.

Notizen